나는 책 쓰는 요양보호사입니다

나는 책 쓰는 요양보호사입니다

김경화 지음

생각의빛

Chapter 1. 나는 요양보호사이다

나는 3년 차 요양보호사입니다 · 12

요양보호사, 내가 할 수 있을까? 의심했다 · 18

요양보호사로서 힘든 것들 · 25

그들의 한마디로 힘을 얻는다 · 33

누구나 나이 들고 노인이 된다 · 39

어르신들은 삶의 지혜였다 · 45

어르신을 내 부모처럼 돌보고 배우기로 했다 · 51

Chapter 2. 힘들고 지칠 때 글을 써야 하는 이유

요양보호사라서 나는 글을 쓴다 • 59

글쓰기는 나를 돌보는 최고의 방법이다 • 65

나를 돌봐야 어르신들도 돌본다 • 71

"나는 글쓰기 젬병이야!" 한계 짓지 말자 • 78

말하듯이 누구나 글을 쓸 수 있다 • 85

극한 직업일수록 글을 써야 한다 • 91

쓰면 해소되고 정리된다 • 98

홧병도 글쓰기를 통해서 치유되어 간다 • 104

지면에 토해내는 글이 나를 살린다 • 111

Chapter 3. 요양보호사가 책 쓰는 비법

요즘, 평범한 사람들이 책 쓰는 시대다 · 118

결단을 내린다면 책 쓰기 도전한다 · 124

글쓰기 필사부터 시작하라 · 130

남의 글을 베껴 쓰면 내 글도 쓴다 · 135

글 쓰는 사람과 자주 소통해라 · 141

온라인 책 쓰기 모임에 참석해라 · 147

글쓰기 근육 만들고 방법만 알면 책 쓴다 153

Chapter 4. 요양보호사가 책 쓰면 얻게 되는 것들

다른 사람으로부터 인정 받는다 · 160

책 출간 후 자존감 상승은 기본이다 · 167

세상을 보는 관점이 달라진다 · 174

시련도 하나의 축복이다 · 181

세상일, 의미를 찾는 습관이 생긴다 · 188

내 삶이 소중하다는 것을 깨닫는다 · 194

시련과 고난은 하나의 글감일 뿐이다 · 200

책 쓰는 삶을 통해서 회복탄력성이 좋아진다 · 206

Chapter 5. 당신이 요양보호사라면 필사부터 시작해라

책 쓰기의 기본은 남의 글을 베껴 쓰기이다 • 214

베껴 쓰기 가볍게 생각하지 마라 • 222

필사를 통해서 글 쓰기와 친해진다 • 228

필사는 그저 자판으로 베껴 쓰는 것이다 • 234

필사만 했을 뿐인데, 삶도 변한다 • 241

세상에서 가장 쉬운 필사, 그 결과물은 위대하다 • 247

필사하고 책 쓰는 요양보호사, 행복한 삶을 응원한다 • 253

Chapter 1.

나는 요양보호사이다

나는 3년 차 요양보호사입니다

어떤 일이나 3년 정도 되면 거의 전문가 수준에 도달한다. 이제 나도 3년 차 요양보호사이다. 매일 출근길이 두렵지 않고 즐겁다. 어르신들과 부대끼면서 어르신들에게서 일하는데 책임감과 조심성 그리고 여러 많은 인생 도리를 배워가면서 어르신들이 나의 거울이 되어 내 삶을 더 발전할 수 있도록 도와준다. 점점 돈에 대한 욕심을 버리게 되고 하루의 삶에 충실히 하는 연습을 한다. 비록 이전에도 하루의 삶에 충실히 산다고 했지만, 오직 육체만을 위한 삶이었기에 별로 만족감을 느끼지 못하였다. 하지만 지금 3년 차 접어들면서 나는 오히려 요양보호사가 나의 천직일 수 있다고 믿는다. 3년 동안 일하면서 그만둘까, 할 때도 많았지만 결국 포기하지 않고 그대로 이어온 것은 어르신들에게서 받는 사랑 때문에 일 것이다.

　처음 요양보호사를 할 때 하루가 너무 짧았다. 하는 일마다 서투르고 선배들과 어르신들에게 많은 소리를 듣기도 하였다. 누가 봐도 일하는 것이 불안하고 마음에 들지 않았다. 살림을 잘 못하는 나기에 더 많은 어려움을 겪었다. 일하면서 스스로 잘하지 못하였기에 많은 자괴감을 받고 있었고 받는 스트레스는 말할 수 없이 많았다. 나는 그 스트레스를 책을 쓰면서 해결하였다. 그러면서 마음을 정리하고 자신을 단련시켰으며 성장시켜 왔다. 어떤 일에나 귀천이 없다는 말 나는 요양보호사를 하면서 잘 알아왔다. 그러나 주변 요양보호사들은 스스로 자신을 낮추고 사회복지사나 간호조무사를 우리의 관리자로 여기는 경향이 있다. 부정한 어떤 행동에 대하여 보고도 못 본 체하거나 상급의 지시라서 그저 따라야 한다는 마음이다. 이렇게 생각할 때 요양원에 비리와 부당한 노인학대가 일어나도 말도 못 하고 자신의 소리도 내지 못한다. 분명 잘 못 되어가는 것을 알지만 그들은 입을 다물고 있다. 일자리를 잃을까 전전긍긍하고 있다. 그러나 나는 책을 쓰면서 담대하게 나의 목소리를 내는 법을 배웠다. 요양보호사로서 어르신 돌봐드릴 때 어르신의 불편함의 정도를 우선으로 여겨야 하는데 요양원의 경영 이익을 우선으로 본다면 어르신을 돌보는데 마찰이 생긴다. 예를 들면 기저귓값을 아끼려고 물을 적게 드리던가 식대 절약하려고 어르신들에 소량의 음식을 제공한다든가 또는 뉴스에서 볼 수 있는 각종 부당한 것들이 나타날 수 있다. 이런 현상들을 보면서 어르신들이나 보호자들이 요양원에 부모님을 보내는 것을 걱정하고 고민할 수 있음이 당연해진다.

  나라에서 진행되는 장기 요양보험 제도로 인해 현재의 많은 어르신은 그만한 혜택을 받는 것도 복이다. 우리 세대가 되면 나라에 그런 제도가 이어질지 걱정도 많아진다. 그래도 내가 다니는 요양원마다 어르신들에게 최선을 다해 잘해주려고 하니 참 고마운 일이다. 3년 차 요양보호사가 되니 어르신들 상태 파악하기도 어렵지 않다. 그들 한분 한분의 상태를 잘 알고 있기에 조심해야 할 부분들을 조심해 가면서 어르신 케어시 긍정적으로 케어할 수 있다. 전에 다니던 요양원에 팀장과 간호조무사가 아직 경험이 부족하여 많은 면에서 제대로 못했다. 그런 팀장과 간호조무사를 내가 도울 수 있는 점이 감사했다. 그들의 잘 못하는 것을 내가 감싸 안고 돌봐줄 수 있다. 내 눈에는 어르신 상태가 잘 보이니까 내가 더 하기로 했다. 처음에는 '왜 일을 제대로 안 하나? 혹시 어르신에 관한 관심이 없어서 대충하는 건가?' 생각도 하고 그들과 부딪히기도 했다. 나의 기준으로 그들을 판단하고 일을 나의 입장에서 해주기를 바랐다. 그러나 그들은 결코 그 상황들을 이해하지 못하였다. 처음에는 언성도 높았고 자주 다투기도 했다. 앞사람이 제대로 하지 않아서 뒤에서 일을 교대 받으면 많은 고생을 했기 때문이다. 요양보호사들끼리도 제일 안 맞는 부분이 이 부분이다. 교대할 때 기저귀 케어를 잘해야 다른 사람이 교대 받을 때 첫 타임에 옷 갈아입히는 일이 없다. 침상 어르신 같은 경우 온몸이 뻣뻣할 수도 있어서 옷 갈아입히는 데 많이 힘이 들고 아래위로 갈아입히면 땀이 쭉 난다. 그러니 요양보호사들끼리 교대 시간만큼은 정말 중요하다. 어떤 중요 상황을 제대로 인계해야 다음 요양보호사가 잘 처리할 수 있다. 이렇게 요양보호사들끼리 부대끼면서도 결국 또 자신의 감정을 다잡고 출근해야 한다. 아직 나이가 어려서 다른 공장 같은데 이직하고자 해도 결국은 요양보호사를 하고 나서는 공장에는 가지 않고 있다. 공장보다 요양보호사가 더 체질에 맞기 때문이다.

모든 일이 힘드냐 하는 것은 인간관계의 원만함과 상관된다. 주변 사람들과 인간관계가 좋다면 어떤 일이든 쉽게 버티고 잘해 나갈 수 있지만 주변 사람들과의 인간관계가 좋지 않으면 심적으로 더 힘들다. 전에 직장에서는 팀장이나 간호조무사들이 경험자였기에 그들이 자신이 맡은 일은 철저하게 하기에 따라가면 편했다. 그러나 어떤 직장은 팀장이나 간호조무사가 자신이 맡은 일을 제대로 처리하지 못하기에 업무 중에 갈등이 생긴다.

어제도 야근하면서 한 침상 어르신이 호흡이 가쁘고 상태가 안 좋다고 야근 때에 잘 돌봐달라고 사회복지사나 팀장이 얘기했다. 그렇게 인계받고 어르신 상태를 보는데 나는 긴장하지 않았다. 그들이 말하던 것처럼 심각하지 않았다. 원래 가래가 많이 끓는 편인데, 팀장이나 간호조무사가 경력 제한으로 가래 제거를 제대로 할 줄 모르기에 그 어르신은 더 힘들어했다. 나는 그가 숨소리 조금 가쁜 것을 보고 먼저 산소 포화도를 측정해봤다. 산소 활력징후 측정은 정상이었고 바이탈 검사도 정상이었다. 열도 없었다. 나는 어르신을 앉히고 따뜻한 물을 몇 모금 마시도록 드렸다. 그리고 가슴을 토닥토닥 몇 분 정도 해드렸다. 어르신의 숨소리는 평안하게 돌아왔다. 팀장은 가기 전에 안도의 숨을 내쉰다. 별것 아닌 문제도 경험이 적은 사람에게는 큰 문제가 된다. 그러니 한 일에 경험이 아주 중요하다.

아침에 출퇴근할 때 되면 행동이 그나마 자유로우신 어르신은 항상 문밖에 앉아서 직원들 출퇴근하는 걸 반갑게 맞아주었다. 어르신과의 인사로 아침 출근을 기쁘게 할 수 있고 야근 퇴근자는 어르신들 하루 무사히 밤을 보냈음에 뿌듯해하면서 퇴근한다. 세대 차이로 견해차가 나지만 그래도 우리를 믿고 자기 몸을 맡겨주는 어르신들이 고맙다. 항상 부모님을 제대로 돌볼 수 없기에 더 많은 사랑의 갈급함을 어르신들에게 베풀기를 원한다. 요양보호사로서 자부심을 느끼도록 무조건적인 사랑을 항상 생각한다. 그들에게 어떤 보상도 바라지 않고 오직 더 많은 사랑을 주려고 노력한다.

나는 3년 차 요양보호사이다. 그동안 요양보호사로서의 경험과 여러 일들을 동료 요양보호사와 공감하고 동료 요양보호사의 자기 계발을 위한 동기 부여도 하고 자부심도 가질 수 있도록 메시지를 전하고 싶은 마음이다. 책 쓰는 요양보호사로서 3년이란 세월을 거쳤기에 여러 가지 좌충우돌 이야기가 있었고 기억에 남는 몇 가지를 기록으로 남기고자 한다. 요양보호사의 감정과 일상을 그대로 기록하는 데 노력했고 요양보호사로서 어르신 케어에 대한 자부심을 느끼고 책을 쓰므로 많은 동료 요양보호사에게 조금의 동기를 유발하고 싶은 마음이다. 일하는 중에 서로의 감정을 나누고 서로에게 힘이 되어주는 소중한 존재이고 어르신 케어에 지치지 않도록 힘을 돋우어 우리가 하는 일에 더 열심을 내고 지치지 않도록 힘을 부여하고 싶은 마음에서 이 책을 쓰기 시작했다. 요양보호사도 자기 계발이 필요하다. 자기 계발하는 요양보호사는 더 멋지고 빛이 나고 존경스럽다.

요양보호사, 내가 할 수 있을까? 의심했다

　오늘은 야간에 근무하는 날이라서 여유가 있는 하루다. 야간인 만큼 하루 종일 나의 시간을 가질 수 있고 집에 일도 할 수 있고 자녀를 돌볼 수 있다. 토요일이라서 아이들은 집에서 놀고 있다. 아이들이 늦잠을 자는 시간 나는 독서를 하고 필사하면서 마음을 조용히 한다. 요양보호사인 내가 요양보호사를 주제로 책 쓰기를 하고자 하면서 여러 고민을 한다. 과연 요양보호사 일을 어디까지 들어내야 할지, 어떻게 목차의 내용과 잘 어울릴 수 있도록 쓸 것인지 생각하고 있다. 지금 요양보호사 일을 한지 3년 차 되니 업무에도 익숙하고 야간에 혼자 어르신 11명을 돌보는 것도 비교적 무난하게 돌볼 수 있다는 자신감을 느끼고 있다. 이제는 여유가 있어서 처음 요양보호사 일을 할 때를 생각하며 어처구니없었던 자신에 웃어보기도 한다.

처음에 요양보호사를 하게 된 계기는 뉴스에서 고령화 문제를 심각히 얘기하고 있었기에 요양보호사 직업이 앞으로 유망하다고 생각했다. 요양보호사를 하면 오랜 나이까지 일할 수 있다는 마음이 들었다. 처음 요양보호사 공부를 할 때 나는 30대 후반이었는데, 시니어를 위한 비전을 보았지만 흐지부지하게 학원 공부를 완성하지 못하였고 그대로 포기하였다. 그리고 다시 3년 뒤에 나는 40대 초반에 요양보호사 공부를 제대로 하게 되었다. 한 달간 하루 8시간씩 요양보호사 공부를 하였다. 그렇게 한 달 공부한 후 국가고시 시험을 치고 자격합격이 되어 자격증을 받게 되었다. 처음에 자격증 받고 바로 요양원에 취직하였는데 그 당시만 해도 어르신들 돌봄의 기본도 잘 몰랐다. 선배 요양보호사가 매한가지 일을 차근차근 가르쳐 주었다. 나는 그의 돌보는 모습을 보면서 어떻게 저렇게 책임감 느끼고 다른 사람의 뒤처리를 잘 해내는지도 의아했다. 나는 더럽다고 생각했지만, 그 선배 요양보호사는 내색하지 않았다. 4명이 있는 한 방에 누가 대변 봤는지조차도 알았고 우선순위를 정해 한 사람씩 케어했다. 당연히 급한 어르신 먼저 기저귀 케어했다. 선배가 하는 일에 존경심마저 들었고 나도 선배처럼 멋진 요양보호사가 되고 싶었다. 몇 번을 가르쳐 준 후 나도 단독으로 처리하게 되었다. 책으로 공부할 때는 잘할 수 있다고 생각했지만 직접 몸으로 부딪치니 아무것도 생각했던 것과는 다르게 어려웠다.

　기저귀 케어도 눈으로 보는 것과 실제 케어하는 것이 달랐다. 눈으로 볼 때는 기저귀 케어 기본은 잘하겠다고 생각했지만 제대로 하지 못해서 어르신들 배설물이 밖으로 흘렀다. 분명 선배가 가르쳐준 대로 한다고 했는데 왜 흘러넘치는지 그 부분을 이해하지 못하였다. 선배 요양보호사는 처음에는 이해한다고 했지만, 실수가 잦아지니 자기네들끼리 수군거리고 눈치를 주기 시작했고 야단도 많이 쳤다. 주간이나 야간이나 교대 시에 특히 더 꼼꼼히 기저귀 관리를 해야 했다. 교대 후 다른 동료께 피해를 주지 않기 위해 노력했고 눈치를 봐 가면서 반복적으로 하다 보니 점점 익숙해졌다. 기저귀 관리뿐만 아니라 휠체어 사용, 그리고 식사 수발, 양치 케어 등 여러 면에서 조금씩 숙달되고 하는 일은 점점 쉬워졌다. 중요한 것은 무엇을 하든지 항상 뒷정리를 잘하는 것이었다. 아무리 다른 일이 바빠도 손에 하던 일은 바로바로 처리하여 어르신들의 불편함을 해결해 드려야 했다. 나 혼자만 일하는 것이 아니기에 편한 대로만 할 수 없다. 뒤에 교대받는 사람까지 배려 해야 한다. 배울 때는 항상 어렵고 힘들다. 그때는 배우는 욕구 때문에 선배가 어떻게 말하더라도 다 이해가 되고 더 잘하려고 노력했다. 그러나 어르신 돌보면서 나의 책임이고 나의 문제 때문에 일이 어렵고 다른 사람에게 피해를 준다는 마음은 점점 나를 힘들게 했다. 40대 나이에 요양보호사를 하는 사람이 거의 없다. 대부분은 50대 중후반 60대 초, 중반이다. 반백 년 인생을 살아온 분들이라서 인생 경험도 많고 또 한 직장에서 듬직하게 몇 년, 10년 이상 일을 했다. 그러나 나는 40대 초반이라서 선배들께 야단맞고 할 때는 항상 '요양보호사가 아니면 못사나?' 하는 무책임함도 있었고 항상 다른 직장을 갈 생각도 했다. 다른 직장 가봐야 윗선에서 주는 스트레스는 여전히 많을 것이고 직장 내 텃세도 심하다. 그나마 요양보호사라는 직업에 종사하는 사람들은 기본적으로 사랑과 헌신의 마음을 갖고 있기에 다른 직장보다는 스트레스를 덜 받는다. 또 40대 나이에 직장 가기에는 조금 늦은 나이다. 마땅한 경험도 없고 그렇다고 잘하는 일도 없다. 게다가 공장에 어린 사람들 많아서 어린 사람한데 야단맞을 확률도 더 높다. 이 직장, 저 직장 다니면서 한곳에 있지 못하고 살림에 도움이 안 되는 것까지 생각하니 요양보호사로 배수진을 치기로 했다. 요양보호사 아니면 다른 직장은 가지도 말자고.

시간이 지나면서 무책임한 초보 요양보호사였던 나는 점점 자기 일에 책임감을 느끼게 되었고 업무능력도 점점 익숙해져서 더 이상 선배들의 눈치를 보지 않고 선배들과 비슷할 정도로 케어를 잘할 수 있다. 시간이 지나면서 주 5일 근무에 익숙해졌고 주야간 2교대인 경우는 2~3일 주간 2일 야간, 또 2일 쉬는 근무 환경에 적응되었고 나름 즐기기도 했다. 직장인은 일주일 동안 5~6일 주간 또는 야근해야 하기에 그 시간이 꼭 직장에 갇혀 있다는 느낌이 든다. 시간상으로 심적으로 여유가 생기니 무엇인가를 하고자 했다. 시간적 여유가 생기니 독서나 글쓰기에 더 깊은 관심을 가지게 되었고 실행할 수 있어서 좋았다.

　기억에 남는 한 일이 있다. 한 어르신이 천식이고 폐렴을 알았다. 그 어르신은 코에 영양관 튜브를 했는데 그 당시 가래가 많이 끓었다. 주간이든 야간이든 동료들이 늘 가래 제거하기 위해 가래 흡입기로 흡입했다. 나도 야간에 근무하는 날인데 2명이 야간 근무를 하였다. 한 동료가 먼저 초저녁 근무를 하고 나는 먼저 쉬는 타임이었다. 자려고 막 누웠는데 어디서 이상한 소리가 들렸고 소리가 나는 쪽으로 가보았다. 그 어르신은 식은땀 흘리면서 심히 괴로워했다. 어르신 상태가 안 좋다고 판단하고 아래층에 일하는 선임 요양보호사를 불렀다. 선임이 와서 급히 체온과 바이탈 확인했다. 그 당시 산소 활력 징후를 측정하는 것을 잊었다. 선임도 당황하여 잘 몰랐고 나도 신입이기에 잘 몰랐다. 위급한 상황에 아무것도 할 수 없어서 나는 어르신의 손을 잡아주고 내가 믿는 하나님께 기도 했다. 내 손을 잡은 어르신은 얼마나 꽉 잡았는지 손에 상처가 날 정도로 꽉 잡았다. 다른 동료는 시설장과 간호 팀장께 전화로 보고했다. 어르신이 말을 못 하기에 몇십 분을 보내고 있다가 어르신 의식이 돌아오고 크게 지르던 고함도 잠잠해졌다. 그날 밤 어르신은 생명을 지켰고 우리는 야간을 마쳤고 쉬는 날이 되었다. 그 어르신은 그다음 날에도 대학병원 응급실에 구급차 타고 갔고 퇴원하면서 다른 요양시설로 옮겼다. 그때 나는 자신이 아무것도 할 수 없음에 마음이 아팠다. 무엇인가를 할 수 있어서 어르신 더 잘 보살필 수 있으면 얼마나 좋겠냐는 생각이 들었다. 비록 그 어르신 운명은 그날 갈 사람이 아니었기에 가지 않았지만, 그 뒤로 나는 산소포화도 체크를 아주 중요하게 생각했다. 어르신이 위독한지 아닌지 그것으로 우리는 알 수 있다. 요양병원이나 더 큰 요양원 같으면 전문 의사나 간호사가 있어서 그분들의 담당이지만 작은 요양시설은 요양보호사가 할 수 있는 일이 별로 없다. 어디까지나 우리는 보살필 뿐 의료진이 아니다. 그럼에도 우리는 자신한테 맡겨진 일들을 자부심을 느끼고 해낼 수 있다.

처음에는 '요양보호사 내가 잘할 수 있을까?'라는 의심이 들면서 걱정되기도 했다. 3년의 세월이 지나가고 어렵고 힘든 순간들이었지만 그 안에는 어르신들과의 소중한 만남과 감동이 있었다. 의심에서 시작했지만, 한발씩 나아가며 극복할 수 있었다. 어르신에 대한 이해와 인지를 높이기 위해 계속 공부를 하면서 자신을 믿고 도전하는 용기와 열정을 가지고 어르신들에게 최선을 다하는 요양보호사로서의

길을 걸어가고 있다. 이제 두려움과 의심을 뛰어넘어서 책 쓰는 요양보호사로 자신감을 가지고 자부심을 느끼면서 성장하고 사랑과 배려로 환자들에게 희망과 위로를 전할 수 있다.

요양보호사로서 힘든 것들

　사람은 누구나 태어나면서부터 환경에 잘 적응하는 존재이다. 갓 태어나서 가정환경에 적응하고 조금 성장해서 어린이집 생활부터 여러 사회생활에 적응해 간다. 처음에 아이가 태어나서 이 아이를 어떻게 키울까, 걱정되어 울면서 세월을 보내던 초보 엄마인 나는 어느새 아이 3명을 키워 이제 고1, 중3, 초5 학생들의 학부모가 되었다. 아이가 처음 엄마 품을 떠날 때는 어린이집에 가는 것이었다. 돌이 지나고 얼마 되지 않아 3살에 바로 어린이집에 보냈다. 아이가 걷기 시작해서 3명 다 3살에 어린이집에 보냈다. 그때는 잘 적응할지, 친구와 선생님들과 잘 지낼지 걱정했지만, 아이들은 의외로 어린이집 생활에 잘 적응했고 즐겼다. 친구들과 같이 잘 지내고 선생님 말씀도 잘 따르고 어린이집 모든 생활을 즐겨 했다. 아이들의 순한 성품 덕분에 아이들은 즐겁게 어린이집 생활에 이어 유치원 학교, 생활까지 잘해갔다. 저학년 때는 별문제가 없었는데 점점 커가면서 학교생활에 잘 적응하는지, 친구와는 잘 지내는지 가끔 걱정되어 선생님께 상담받기도 했다. 아이들이 반 친구들과 잘 지낸다는 선생님 말씀 들으면 마음에 안도감을 느꼈다.

아이들이 점점 성장했고 나는 직장 생활을 하게 되었다. 처음 직장 생활은 공장에 다녔다. 공장 생활하면서 뉴스에서 우리나라의 고령화 문제가 이슈로 되어가고 이제는 고령 시대에 들어서는 것을 알게 되었다. 내 마음에는 고령화 문제가 늘 걸려있었고 요양보호사 공부를 하였다. 처음에 공부할 때 나이가 30대 후반이어서 요양보호사가 중요한지를 잘 모르고 공부하다가 결국 공부를 포기했다. 그때까지만 해도 나이가 젊어서 많은 공장에 다닐 수 있었다. 그래서 늘 공장을 다니다가 농사일하다가 하면서 나이 40대 되어서 요양보호사의 일에 더 관심을 가지고 다시 요양보호사 공부를 하게 되었다. 요양보호사 공부를 할 때 가르치는 간호사는 요양보호사 직업은 자부심을 느껴야 한다고 했다. 우리는 그저 남의 기저귀나 가는 천한 직업을 가진 사람이 아니라 어르신들을 케어하여 그들이 삶을 더 잘 살아갈 수 있도록 몸과 마음을 케어해주는 직업이라고 했다. 선생님 자신도 엄청난 자부심을 느끼면서 강의했는데 수업 중에 느낄 수 있었다. 많은 사례들을 얘기해주면서 간호사로서 삶에 보람을 느낀다고 강의했다. 나는 그때부터는 마음속에 어르신들 케어하는데 이상하게 동경하게 되었다. 처음에는 부모 케어가 필요하면 하려고 했던 생각이 점점 직업으로 마음을 먹었다.

  처음 요양보호사 자격증을 취득하고 나서 직업을 소개받았다. 그당시 요양원에서 많은 것들을 배울 수 있었다. 책으로 배운 내용들을 실전에서 배워나가고 익혀 나갔다. 처음 간 요양원은 주야간 보호하는 시설이었는데 1층은 주간 보호 담당이고 2층은 주야간 보호하는 곳이었다. 처음에 일 갔는데 한 할머니가 대변을 좀 많이 보았는데 그것을 어떻게 뒷정리해야 하는지 머리가 하얘졌다. 옷에 넘쳐나서 어떻게 어디서부터 시작해야 하는지 몰라서 쩔쩔매면서 팀장께 알려 경력자인 선배 요양보호사께서 처리해 주었다. 나는 옆에서 그 처리하는 과정을 지켜보면서 내심 부끄러웠다. 이것도 처리하지 못하면서 요양보호사 한다고. 그다음에는 내가 처리하려고 했는데 선배 요양보호사가 하던 것처럼 깔끔하게 잘 안되어 두 번째도 도움받았다. 그 후부터는 잘 정리가 되었다. 그렇게 좌충우돌 한가지씩 요양보호사 일들을 배워나갔다. 7개월 정도 배우니 어느 정도 기본적인 업무들을 몸에 익힐 수 있었고 점점 하는 일들이 여유를 가지게 되었다. 요양보호사 일들이 점점 쉬워지니 마음에 더 여유를 가질 수 있었다. 몸으로 하는 일은 어느 정도 익숙하지만, 마음가짐도 항상 업그레이드해야 하고 질 높은 서비스를 위하여 요양보호사의 자질을 높여야 하므로 우리는 온라인 교육도 오프라인교육도 받아야 했다. 교육을 받으면서 업무능력을 높여 어르신 케어에 더 잘할 수 있도록 해야 한다.

얼마 전에 우리 시설에 한 어르신이 입소했다. 그 어르신은 덩치가 크고 욕창이 좀 깊게 나 있었다. 입소 전에 다리 수술을 하여 제대로 걷지도 못하였다. 새로 입소한 어르신은 내가 야근하는 날 다른 방 어르신들 돌보는 중에 혼자서 침상에서 내려왔는데 나는 기가 막혔다. 아직 첫날이고 어르신 상태 파악이 잘 안되어서 혼자 잡고 서 보라고 했지만, 그 어르신은 혼자서 잡고 서지도 못했다. 나 혼자서 그 어르신을 들어 올릴 형편이 되지 않았다. 나는 안달이 났다. 어떻게 하란 말인가. 어떻게 올려야 하는가? 이런 생각들로 머리가 하얘졌다. 혈압과 체온은 정상이었고 아픈 데가 있는지 물어보니 아픈 데다 없다고 했다. 본인이 잡고 설 수 있는지 물어보고 조금 부추겨 일으키면 되지만 그것이 안 되기에 더 안타까웠다. 어르신 사진을 찍어 직원용 단톡방에 올렸다. 그리고 시설장은 어찌 조심해서 침상에 올려 앉힐 수 있도록 하라고 했다. 여러 번 애써도 잘 안 되었다. 집이 요양원에서 가까운지라 어쩔 수 없이 남편의 도움을 받기로 했다. 남편에게 도움받아서 겨우 어르신 침상에 모셔놓고 안도의 숨을 쉴 수밖에 없었다. 그 후로 얼마 동안 어르신 침상과 식탁을 끈으로 묶어놓고 어르신 내려오지 못하도록 조치하였다. 낙상사고를 예방하기 위해 보호자의 동의를 받고 한동안 어르신은 침상에서 생활하였다. 욕창에 힘쓰고 정성 들여 돌본 결과 한 달 후 어르신의 욕창이 깨끗이 나아졌다. 욕창이 나아지자, 어르신은 이제 잡고 설 수 있었으며 휠체어를 이용하여 화장실 다닐 수 있었다. 식사도 잘하고 화장실도 잘 다니고, 다리에 힘을 주어 잡고 설 수 있어서 우리가 케어하기에 많이 쉬워졌다. 누가 봐도 건강해지고 모든 프로그램에도 잘 적응하고 다시는 집에 가자는 말도 하지 않는다. 이렇게 적응 잘하는 어르신을 보면 알게 모르게 힘이 나고 요양보호사로서 자부심 느낀다. 우리의 노력과 케어로 어르신이 새롭게 마음을 먹고 잘 적응해 나가니 내심 기쁘다. 이런 맛에 요양보호사를 한다.

그 어르신 뒤에 또 다른 한 어르신이 입소했다. 할머니분인데 이 어르신은 덩치가 작았다. 어르신이나 우리는 서로 적응할 시간이 필요했다. 입소하는 어르신들 보면 처음에는 집에 가자고 매일 조른다. 한두 달 정도 보채면서 조금씩 적응해 나가고 자꾸 침상에서 내려오려고 하는데 이 어르신 역시 팔에도 다리에도 힘이 없다. 침상에서 내려오려고 밤새도록 애를 쓰고 내려올 자세를 취한다. 라운딩하면서 어르신 자세 바로 잡아주면 또 몇 시간 동안 애를 쓰면서 내려오려고 한다. 내려오고자 하는 어르신 행위와 바로 눕히는 나의 행동이 계속 반복된다. 어르신도 침상 손잡이와 식탁을 끈으로 묶어놓고 쉽게 내리지 않도록 주의를 기울였다. 항상 어르신 안전이 우선이기에 낙상사고 예방을 위하여 어쩔 수 없는 방법이다. 비록 낙상사고는 예방한다고 하지만 식사를 스스로 하지 못한다. 하루 3끼의 식사와 중간의 간식을 부담스러워했다. 어떤 때는 식사 시간에도 계속 잠만 잔다. 할 수 없이 한 끼의 식사를 거르면 그다음은 식사를 잘한다. 원래 소식하는 분 같았다. 어렵게 하루하루 적응해 가면서 우리는 점점 그 어르신의 성향을 파악하고 잘 케어하고 있다. 최근에는 침상에서 내려오려는 의욕도 없는 동시에 지금은 밤이고 낮이고 계속 자려고 한다. 여전히 식사 수발은 처음부터 끝까지 다 해드려야 하는데 더 큰 문제는 어르신이 입을 잘 벌리지 않는다. 3년 정도 요양원 일을 하면서 이런저런 어르신들 보아왔지만 스스로 입을 벌리지 않는 어르신들 제일 케어하기 어렵다. 스스로 식사할 수 없으면 입이라도 잘 벌려 주면 식사케어를 잘할 수 있지만 밥때가 되어서 입을 벌리지 않으니, 애간장이 탄다. 특히 야간 때는 요양보호사 한 명이 케어해야 하기에 아침 식사를 할 때 마음이 더 급하다. 어르신 식사도 도와드려야 하고 다른 어르신들 식사를 챙겨주고 약도 양치 컵도 다 챙겨줘야 한다. 다른 요양원 같으면 10여 명의 어르신 케어에 2~3명 정도의 요양보호사가 하지만 우리 요양원은 1명이 케어한다. 시간은 바쁘고 여러 명을 케어해야 하는 부담감에 정말 아침 5~9시까지는 발바닥에 불이 날 정도로 빠르게 서둘러야 한다. 이런 상황에 밥때에 한 어르신 옆에 붙어서 전적으로 그 어르신의 식사 수발을 도울 수 없다. 그 어르신 식사를 수발하면서 다른 어르신 약을 챙겨드려야 하기에 어쩔 수 없이 왔다 갔다가 하면서 할 수밖에 없다. 어르신이 입을 잘 안 벌려 밥 먹이기 힘들다. 요양보호사 1명이 더 있었으면 좋겠다는 마음이 든다. 스스로 하고자 의지가 있는 어르신은 우리가 일하는 데 많은 도움을 주지만 스스로 하지 않으려고 삶을 포기한 어르신의 케어는 마음에 힘이 빠지게 한다. 옆에서 도우려고 해도 본인이 포기한 상태라서 도울 방법이 없다. 결국 그 어르신은 얼마 못 가서 보호자가 집으로 다시 모셔갔다.

요양보호사 일을 하면서 어르신 케어하는데 제일 힘든 것은 스스로 비관적이고 우울해하는 어르신에 대한 돌봄이다. 그들에게 어떤 희망적인 말도 동하지 않는다. 죽지 못해 살아가는 그들 본인도 삶이 한심하기만 하다. 어떤 이는 아무리 잘 해줘도 계속 불평불만 하는데 그 비위를 한번, 두 번 맞춰주면 요양보호사를 자기 하인 취급하면서 요양보호사를 짓밟으려고 한다. 신입 요양보호사한테는 더 함부로 한다. 말도 함부로 하고 요양보호사와 원장 사이를 이간질까지 한다. 요양보호사가 최선을 다해도 그런 어르신들이 한두 명 있으면 전체 요양보호사를 다 욕 먹인다. 어르신들의 무례한 행위는 우리를 힘 빠지게 한다. 자기 자식 같으면 그렇게 대하지 않는다. 요양보호사와 대상자 사이에는 신뢰가 있어야 한다. 그런데 어르신이 신뢰를 주지 않고 마음을 닫고 있으면 소통할 수 없다. 별 볼 일 없는 안방 늙은이로 늙고 자신의 늙고 병들고 아픈 것을 요양보호사 탓으로 하면 서로가 힘들어지는 것이다.

그들의 한마디로 힘을 얻는다

 옛날부터 전해 내려온 속담이 있다. '말 한마디에 천 냥 빚을 갚는다'. 이 속담을 생각해 보면 사람의 말 한마디가 한 사람을 살릴 수도 있고 죽일 수도 있다. 나는 그 한마디의 인생 조언을 요양원 어르신들한테서 듣는다. 비록 치매에 걸렸지만, 순간순간 속담을 한마디씩 하시는 분들이 있다. 그들의 말에 별 들을 게 있겠느냐 생각해도 귀를 기울여 들어보면 지혜의 말을 할 때도 있다. 어떤 때는 한마디의 말에 감동할 때도 있다. 며칠 전에 시설에서는 침상 어르신들이 프로그램에 잘 참여가 안되는 점을 고려해서 침상째로 2층 5명, 3층 5명 어르신을 날씨 좋은 날에 밖에 모셨다. 그들은 오랜만에 햇빛과 바람, 주변 소리 등을 느끼게 되어 기분이 좋아졌다. 한 어르신의 한마디 "우리에게도 바깥을 보여줘서 고맙다"라고 하는 한마디에 사회복지사는 흐느끼며 울었다. 이때까지 그 어르신들은 목욕 외에 휠체어 탈 일도 없고 방에만 있었지만, 자연을 보고 느끼면서 좋아하는 그들을 보고 복지사는 여러 가지 마음이 들었을 것이다. 요양원에 일하는 우리나 사회복지사는 다 종사자로 불리고 그들의 한마디로 우리는 자부심을 느끼고 일할 수 있다.

"죽고 사는 것이 혀의 권세에 달렸느냐니(잠28:21)" 주제로 담임 목사가 구호를 만들었다.

"하나님이 인도하게 됩니다. 잘 됩니다. 기적이 일어납니다. 회개합니다. 미안합니다. 멋있습니다. 큰 복 받았습니다. 당신이 최고입니다. 고맙습니다. 행복합니다. 할 수 있습니다. 감사합니다. 믿음으로 됩니다. 죄송합니다. 사랑합니다. 복이 넘칩니다."

우리 교회의 예배 전에 하는 구호다. 이렇게 일부러 자기가 하는 말이 복이 되도록 성도들을 가르친다. 입으로 말하는 것이 생각에서 나오는 것이고 말을 통하여 복을 주문하고 받을 수 있다. 종교를 가진 사람은 그나마 자신이 믿는 신을 인지하기에 함부로 말하지 않는 편이다. 종교를 가지지 않은 사람은 자기 맘대로 생각하고 판단하는 경우가 많다. 우리 시설의 한 직원도 행동이 잘 받쳐주지 못하면서 말만 많이 하는 사람이 있다. 자기가 할 일은 제대로 처리하지 못하면서 이 핑계 저 핑계를 대고 있고 다른 사람의 흠집만 보고자 하는 사람이 있다. 절이 싫으면 중이 떠난다고 시설의 여러 방면에서 내 영혼을 누른다. 갑질하고 말로만 소통하고 행동으로는 따라가지 못한다. 나는 말하는 것보다 행동하는 편이다. 그러니 자꾸 모순이 생긴다. 어르신 보살필 때도 마찬가지다. 잘못되고 잘 안되는 것들은 처음부터 소통하고 그것이 이루어져야 하는데 이루어지지 않는다. 몇 번이나 의견이나 건의 같은 것을 제출하면 그저 물거품이 된다. 그러면서 나보고는 소통 잘하라고 한다. 그저 빈말할 뿐이다. 대신 나는 얘기 나왔던 내용들을 행동으로 하는 편이다. 이런 모순 때문에 스트레스를 받고 있는데 어르신들이 보고 한마디를 건네준다.

"속이 많이 상하지?" "너무 속상해하지 말라고." 누가 자신들 한데 잘해주는지 못 해주는지 진심으로 돌봐주는지 잘 안다. 따라서 K씨 어르신도 L씨 어르신도 "애 먹는다." 하면서 늘 고마워하고 또 "자네만 한 선생님은 없다."라고 말했다. 어르신들의 이런 말씀 한마디에 나는 스트레스 받고 있던 것들이 해소되고 더 어르신들에게 잘하고 싶은 욕구가 가슴에서부터 우러나온다. 혹시라도 어르신한테 실수할까 한 분 한 분 어르신한테 내가 출근하는 날만큼은 최선을 다한다. 대부분 어르신이 점잖고 겸손하게 나이 들었지만, 시설마다 몇몇 어르신들이 곱게 늙지 못하였다. 치매라서 그러려니 할 때도 있지만 그들의 한마디 말에 반응할 때가 있었다. 그들이 우리의 수고를 알아주고 '고맙다.', '미안하다.'라고 말해줄 때 힘이 나는 것이다.

어느 하루는 한 할머니가 나의 손을 붙잡고 울상이 되어 말했다.

"밥을 적게 주고 남자들만 고기를 많이 주면서 나에게는 고기를 안 준다."

그 어르신은 소화가 잘 안되어 반찬을 갈아서 드리는 편이다. 그 어르신이 나에게 속마음을 털어놓고 얘기한다는 것은 나를 그만큼 의지하는 것 같다. 시설에서 요즘 들어 어르신들이 밥양을 줄이는 편이다. 어르신들이 많이 드시면 몸이 뚱뚱해져서 건강에 안 좋으므로 적정한 식사량을 권장하는 것이다. 아직 적응 기간이어서 어르신들 배가 조금씩 고프겠지만 나이 들수록 소식이 건강하니 최대한 알아들을 수 있도록 설명한다. 어르신들은 이해하는 사람도 있고 이해하지 못해 성질부리는 사람도 있다. 그러나 점차 적응되어 가고 어르신들도 건강해질 수 있다는 희망을 안고 우리는 마음이 편하지 않지만 실행한다. 우리를 믿고 몸과 마음을 열어주는 어르신에게 더 많은 관심과 사랑을 주고 싶은 마음이 든다. 그 어르신은 이름이나 연세가 나의 할머니 생전과 비슷하기에 나의 할머니 같아서 마음이 쓰인다. 나의 할머니에 대해 무심했던 지난날이 떠오르면서 요양원 어르신에게 잘해주고자 하는 마음이 든다.

　얼마 전에 새로 입소한 어르신은 우리가 봐도 A급이다. 우리끼리 어르신 평가한다. 그 어르신은 실제나이 99세인데 올 때부터 얼굴이 밝았고 성품이 온화하였다. 늘 칭찬을 아끼지 않고 우리들의 애씀을 보고 '고맙다.', '쉬어가면서 일하라'고 말한다. 인지가 또렷하여 우리와의 대화도 옆에 어르신과의 대화도 잘 통한다. 그 어르신 보면서 '어쩌면 저렇게 곱게 나이 들 수가 있을까?'라는 생각도 하고 그 어르신처럼 곱게 늙으면 좋겠다는 마음도 가진다. 항상 다른 사람을 칭찬하고 배려하는 마음을 가지고 있기에 그 자녀들도 어르신에게 효도를 잘하고 지역에서도 유지로 활동을 많이 하는 것 같다. 어르신들이 우리를 믿고 우리의 수고를 헤아려 줄 때 그들은 우리와의 협조를 잘 해준다. 서로 소통이 잘 되고 말끝마다 '고맙다.', '애쓴다'라고 하는 어르신에 더 정감이 가고 열린 마음으로 그들과 소통하면서 조금이라도 불편할까 더 챙기기도 한다. 서로 신뢰의 덕분에 케어가 쉬워지고 어르신도 마음이 편하다. 자녀들도 쉽게 할 수 없는 어르신 돌봄에 최선을 다하고 자부심을 느끼고 일한다. 비록 치매에 걸려 제정신이 아닌 말도 하지만 그들의 말 한마디, 믿고 몸을 맡기면서 협조해

주는 평범한 행동 한 가지가 요양보호사를 세워준다.

  어르신들 한마디에 힘을 얻는다. 요양보호사로 많은 노인을 만난다. 어떤 이들과 헤어지고 다시 또 어떤 이들과 만나서 새롭게 인연을 만들어 간다. 서로 신뢰가 중요하다. 케어 시마다 우리를 믿고 몸을 내어 주는 어르신들에게 항상 감사할 뿐이다. 폭력적이고 협력하지 않은 어르신들은 거울의 효과를 주어 우리의 질을 높이도록 한다. 그들의 한마디마다 반응할 필요는 없지만 많은 요양보호사는 그들의 한마디 말과 한가지 작은 행동에 감동하고 마음이 찡해진다. 어르신에 대한 사랑의 마음이 있기에 요양보호사 일을 지금까지 한다. 때로는 마음이 상해서 일을 그만두겠다고 말하지만 그래도 지금까지는 잘 참아오면서 일해오지 않았는가? 인정의 말 한마디가 사표를 간직하고 출근하는 요양보호사의 마음에 감동을 주어 앞으로 어르신에 대하여 사랑의 마음으로 더 기쁘게 케어할 수 있도록 한다. 우리의 노고를 헤아려 주는 한마디 긍정적인 말에 사랑을 입고 우리는 한 번 더 관심과 사랑의 마음으로 받은 사랑에 돌봐준다.

누구나 나이 들고 노인이 된다

요즘은 길거리에 폐지 줍는 노인이 어느 곳에나 볼 수 있다. 이런 어르신들 보면서 한 엄마가 아이에게 이렇게 말한다. "너 저 할아버지 봤지, 힘들겠어? 안 힘들겠어?", "힘들어 보여요.", "너도 나중에 공부 잘하지 못하면 저렇게 늙어서 폐지 줍는다." 길을 가면서 들리는 말소리다. 요즘 부모는 아이들에게 공부만 잘하고 1등만 할 것을 요구한다. 학교 교육은 죽은 글 읽기만 한다. 실제 사는 데 아무 도움도 되지 않는 입시 공부 때문에 아이들은 학교생활이 힘들어지고 학원도 몇 개나 뺑뺑이 돌려서 다닌다. 참으로 학생들이 불쌍하다. 마음껏 뛰놀고 자유롭게 학창 시절을 보내야 하지만 입시 공부 때문에 아이들이 부모에게도 많은 불만을 느낀다. 어떤 아이들은 공부하라는 부모에게 억눌리다 집을 뛰쳐나가는 아이들도 있고 어떤 아이들은 일부러 부모와 엇나가기도 하고 심하면 자살까지 하는 아이들이 있다. 이런 내용은 뉴스에서도 종종 볼 수 있다.

  나도 시집왔을 때 몇 년 동안 시부모님과 함께 생활하였다. 그 당시 어머님은 연세가 그리 많지 않았다. 50대 중반이고 나는 20대 후반이었다. 한창때인 어머님과 함께, 그것도 모든 일을 척척 잘 해내는 어머님과 아무것도 할 줄 모르는 며느리인 나는 서로 의견이 맞지 않았다. 어머님은 일 못하는 내가 문제로 보였고 나는 어머님의 생각방식이 이해되지 않아서 고부간에 갈등이 일어나기 시작했다. 우리는 4년 정도 같이 살다가 결국 분가를 하게 되었다. 지금 와서 생각하면 왜 그때는 그리 철이 들지 않았는지 이해할 수가 없을 정도이다. 세월이 흐르고 그들도 이미 노년에 이르렀다. 어머님은 당뇨 합병증으로 몸이 몹시 아프고 살림을 제대로 할 수 없었다. 나는 가끔 어머니 집에 가서 설거지와 화장실 청소를 한다. 설거지할 때 보면 어머님 집에 그릇들이 제대로 설거지가 되지 않고 밥풀이나 양념들이 묻어 있었다. 그전에 같으면 속에서 불평불만이 일어났겠지만, 지금은 나의 모든 생각이 바뀌었다. 눈에 잘 보이지 않아도 아직 자식에 부담이 되지 않으려고 어른끼리 사시는 모습이 존경스러울 뿐이고 고맙다.

요양원에 다니면서 어르신들과 함께 생활해 가니 그들의 많은 불편한 점들이 보이기 시작했다. 어떤 어르신은 화장실을 30~40분 한 번씩 다니신다. 한 분일 때는 수시로 어르신 요구를 만족시켜 줄 수 있었지만 그렇게 하는 어르신 한 분이 더 왔다. 두 사람이 30~40분에 한 번씩 번갈아 화장실 가야 하는 데 우리의 도움 없이는 화장실 이동이 되지 않았다. 처음에는 그냥 아무 소리 없이 하였지만 매일 이어지는 화장실 싸움에 점점 짜증도 나고 화가 났다. 요양보호사 한 명이 11명을 케어하는데 두 사람 때문에 다른 어르신 케어가 잘 되지 못하고 있었다. 항상 한 어르신이 화장실 가면 다른 어르신이 이어서 간다. 마치 샘을 내는 것 같이, 또는 질투하는 것 같이 보인다. 그럴 때마다 나는 "조금 기다려 주세요."라고 답변한다. 다른 어르신 케어 중이거나 다른 일을 할 때면 두 사람의 '질투'가 오히려 스트레스받게 한다. 몇 개월간 이어지니 점점 짜증도 났다. 요양보호사가 적은 것이 짜증이 나고 일이 많은 것이 짜증 났다. 두 어르신이 서로 질투하는 것도 짜증 났다. 그렇게 혼자 스트레스를 받고 있을 때, 나는 책에서 자신이 한 선택에 관한 내용을 보았다. 내가 10여 일을 근무할 수 없는 이유로 전에 다니던 요양원을 그만둘 수밖에 없었고 집과 가깝다는 이유로 그 요양원을 선택했다. 그들의 질투라고 본 것도 나이고 스트레스를 받는 것도 나였다. 스트레스라고 생각되면 스트레스를 받지 않으려고 해야 했다. 그 스트레스를 그대로 받아들였다. 이 모든 원인이 나에게 있음을 알게 되었다. 내가 선택한 일에 나의 책임이 따르고 결과가 따랐다. 그것을 깨닫고 '내가 사랑하기로 했습니다.'라고 마음을 잡았다. 그 이튿날도 두 어르신의 '화장실 질투'는 이어졌지만, 그때부터 나는 스트레스를 받지 않게 되었다. 어르신들을 보면서 그들이 불쌍히 보였고 더불어 어머님의 쇠약함도, 눈에 보이지 않는 것도 이해하게 되었다. 그리고 어르신들이나 어머님께도 '내가 사랑하기로 했다'라고 결심하고 더 이상 그 일로 스트레스를 받지 않았다.

요즘은 교회나 절이나 성당이나 많은 단체에서 어르신들에게 자식들에게 모든 자산을 미리 주지 말라고 교육한다. 부모들이 애지중지 자식 뒷바라지하면서 자신의 모든 것을 헌신하고 나중에는 미리 마지막 재산인 집까지 팔아 자식에게 도움을 주고자 한다. 그리고 그들은 자식들이 자신의 노후를 잘 책임져 줄 거라고 믿고 있다. 먹고 사는 문제가 급하고 어떤 자녀들은 자신들이 잘 먹고 놀러 다니기 급하여 부모에게 등한시한다. 물론 아직도 부모에게 효도하는 자식들이 많지만, 사회 현실은 부모를 나 몰라라 하는 자녀가 많다는 것이다. 그들이 잘 먹고 놀러 다니는 동안 부모는 피눈물 흘릴 수도 있다. 우리 요양원은 그래도 자녀분들이 효도하는 것 같다. 어르신들 면회를 자주 오고 늘 부모님이 요양원에서 잘 지내시는지 근심하고 걱정하는 보호자들이 많다. 우리 요양원 어르신 같은 경우는 그래도 노년이 위험에 노출되지 않는다. 요양원 생활을 잘하면서 마지막을 기다리면서 시간에 맞춰 영양 맞춰 해주는 밥을 드시고 다른 어르신들과 함께 지내고 아프면 병원도 갈 수 있는 것이 어찌 보면 행복하다. 요양원마다 어르신들을 더 잘 보살피고자 하는 취지도 좋다. 또 나같이 어르신들을 보면서 늘 부모님이 안쓰러운 요양보호사를 만나면 어르신들에게는 복이 된다.

　가끔은 이런 생각을 한다. 지금 요양원 어르신들은 그나마 행복하게 잘 지낼 수 있는데, 우리가 늙으면 어찌 될까? 나라는 재정이 더 어려워지고 자녀들을 낳지 않아 노인은 많아지고 아이들은 점점 줄어들고 우리를 보살펴 줄 사람은 있을 건지? 우리가 늙으면 우리는 지금 어르신들이 국가로부터 받는 도움을 받을 수 있을지 걱정이다. 실제로 고령화 문제는 전 세계적인 문제이다. 그래서 많은 선진 국가들에서는 아직 일할 수 있는 노인 일자리가 다시 활기를 띠게 된다. 스스로 이동이 가능하고 인지가 좋다면 아직은 일할 수 있는 것이다. 어르신들이 어린이집이나 유치원에 이야기 선생님으로도 취직하는 경우가 있다. 나는 나이 들어서 자신의 나이를 한탄하지 않고 무엇이라도 도전하는 어르신들을 존중하고 내 마음에 그런 노인상을 그린다. 죽을 때까지 배우고 성장하여 노년에 멋진 노인이 되는 것이 나의 꿈이라고 생각한다. 다른 사람을 배려하고 무엇인가를 자신의 발전을 위해서 노력하는 멋진 모습을 늘 가슴속으로 상상한다.

    결국 누구나 나이 들어 노인이 된다. 요양원 어르신들은 이미 기나긴 세월을 겪어왔다. 삶이 고달플 때마다 자신을 일으켜 세워주고 묵묵히 견디고 버텨왔다. 가족과 자녀를 위하여 헌신하고 속은 곪아 터졌다. 나이가 들면서 나이 앞에서 아무것도 못 하는 늙은이로만 되지 않고 언제까지나 자신을 세워주고 힘을 잃지 않고 한 가지 일이라도 도전하면서 우리의 삶을 더 효율적으로 영위해 나갈 수 있다. 결국 우리도 나이 들어 노인이 된다. 그러나 그저 그런 노인이 되는 것보다는 나이 들어도 아는 것이 많고 다른 사람들에게까지 선한 영향을 끼칠 수 있는 멋지고 우아한 노인이 되어야 한다. 안방 늙은이처럼 그냥 늙어 가는 세월에 아무것도 하지 않고 노인 행세를 하기에는 너무나 아까운 인생이다. 인생 2막을 멋지고 아름답게 열고 싶으면 지금부터라도 새로운 도전을 멈추지 말고 요양보호사 일을 하는 지금도 더 자신을 발전시켜야 한다. 언젠가 우리도 노인이 되어도 사회에 쓸모가 있는 노인이 되고 노년에도 사회에 자신의 가치를 부각하는 그런 멋진 노인이 되었으면 좋겠다고 자신을 다지고 다진다.

어르신들은 삶의 지혜였다

어릴 때 동화책을 읽으면서 어르신들 지혜에 감동한 적이 있다. 아마 그때부터 나의 마음속에는 어르신에 대한 동경이 있었는지 모른다. 요즘 TV 보면 며느리가 직장 다니는 동안 시부모님이나 친정 부모님이 아이들 돌봐주는 것을 볼 수 있다. 애지중지 최선을 다해 돌봐주다가도 조금의 상처나 어떤 작은 일이 생기면 부모님에게 아이 돌봐줘서 고맙다는 소리보다 아쉬운 소리를 한다. 그런 부모님들이 안쓰럽다. 결혼해서 나는 시부모님이 아이를 돌봐주는 것을 좋아했다. 덕분에 아이들을 안전하게 맡기고 우리는 직장 생활이나 들에 일을 할 수 있었다. 비록 부모님이 내 자식을 돌봐주는데 마음에 안 들 때도 있지만 그들이 아이들을 돌보면서 어른들도 기쁘고 아이들도 잘 성장해 나갈 수 있다. 우리 아이 세 명은 다 시부모님이 키워주셨다고 해도 과언이 아니다. 아이들이 성장하면서 그래도 키워준 정을 알고 할아버지 할머니한테 잘 대해주는 것을 보면 우리는 삶을 헛되이 살지 않은 것 같다.

아이들 어릴 때 아이들과 함께 일본 만화를 시청한 적이 있는데 일본에서는 고령사회 진입한 지 오래되다. 그때 만화 속에 어린아이들과 어르신들 한 시설에서 돌보고 있었다. 한쪽은 양로원, 한쪽은 유치원. 자연스럽게 아이들이 어르신들과 친해지고 어르신들도 아이들 보면서 내 손주인 양 활기찬 에너지에 행복해하시는 모습이다. 만화이지만 실제로 일본은 그것이 가능하다고 생각했다. 나는 지금도 그런 생각을 한다. 요즘 장기 요양보호기관 제도가 발전되어 감에 실제로 노치원이라는 간판을 단 시설도 있고 우리도 간단히 노치원이라고 할 때도 있다. 어린아이가 어린이집 다니듯 어르신들도 아침에 보호자가 모셔 오든지 시설에서 모시러 가든지 주간 보호 어르신들은 아침부터 시설에서 여러 어르신과 함께 즐겁게 일과를 보낸다. 색칠 공부도 하고 어르신들끼리 수다도 하고 자식 자랑도 나누고 여러 가지 프로그램에 참여하면서 기쁘게 다니는 어르신들 보면서 나는 우리나라의 장기요양보호 제도를 아주 기쁘게 생각한다. 우리가 어릴 때 부모님은 생계를 위하여 어쩔 수 없이 아이들을 어린이집에 맡겨야 하지만 나름대로 어린아이는 사회성을 길러간다. 지금은 우리가 부모가 되고 외로운 어르신들은 어릴 때 우리를 보살피던 마음으로 지금 보살핌을 받아야 한다.

우리 요양원에도 J씨 어르신이 있다. 그는 혼자 걸어 다니실 수 있지만 눈이 잘 안 보여서 무엇 하든지 도움이 필요하다. 그럼에도 원에서 진행되는 프로그램에 잘 참여하고 색칠 공부도 물어가면서 하는데도 잘한다. 그는 어렸을 때 공부하지 않았다고 늘 말하지만 보이지 않는 눈으로도 색칠을 아주 예쁘게 잘한다. 대략적인 위치를 알려주면 거기 맞게 꼼꼼히 색칠한다. 어머님도 눈이 잘 보이지 않지만, 젊었을 때의 음식 손맛이 아직 살아 있어서 아직 어머님의 음식이 맛있다. 비록 청소가 잘 안되어 방문 요양보호사의 도움을 받지만, 몸에 밴 요리 기술과 삶의 지혜는 우리의 삶에 많은 도움을 준다. 삶이 몸에 익어서 습관으로 잘 해낸다.

어느 하루 야근하는 날이다. 96세 되는 L씨 어르신은 다른 사람이 다 방으로 들어갔는데도 아직 TV를 보고 있었다. 어르신은 귀가 잘 안 들려서 조금 큰 소리로 여쭈었다.

"어르신, 잠이 오지 않으시나요?", "낮에 좀 많이 잤더니 잠이 잘 안 온다.", "어르신, TV 좀 보시다가 들어가세요." 하면서 말동무를 해주었다. 어르신은 시설이 어두운 것을 보고 "어디나 사람이 있는 곳에는 불이 늦게까지 켜져 있어 밝아야 복이 들어오는데…." 처음에 다른 어르신들이 다 방으로 갔기에 별로 생각하지 않고 좀 어둡게 한쪽 전등을 껐다. 어르신은 평생 식당을 하면서 사람들을 어떻게 대할지를 잘 안다. 어르신 그 말 들은 뒤로 항상 어르신들 방에 불을 밝혀 놓는다. 자녀들의 돌봄을 떠나 요양시설에서 살면서 어르신들도 마음이 점점 어두워질 텐데 방까지 어두우면 마음이 더 우울할지 싶어서이다. 어르신의 이 한마디 말을 듣고 나는 내 마음을 항상 밝게 하기를 노력한다. 그러나 삶에서 나도 모르게 우울의 늪에 빠질 때도 있다. 현실이라는 상황만 보고 자신의 기분이 태도가 되어 기분에 따라 삶이 저조해지기도 했다. 기분이 저조해지면 모든 일을 하는데 에너지가 더 많이 소모되어 그날은 매우 피곤하다. 한시 급히 마음을 바로잡고 처지는 기분에서 벗어나야 한다. 그리고 다시 자신의 기분을 올려 좋은 기분에 있도록 해야 한다. 좋은 기분만이 좋은 판단과 결과를 만들어 내는 데 도움이 되기에 마음에 어둠을 두지 않기로 결심했던 적이 있다.

남자 L씨 어르신이 요양원에 계시기에 야간 시에도 든든하다. 꼭 마치 아버지 같아서 걱정하지 않는다. 어르신은 문단속을 잘한다. 날이 어두워지면 문단속을 시작하시고 방으로 들어가시면서 문단속 잘하라고 신신당부한다. 또 빨래가 다 되면 빨래 접으려고 도와준다.

어떤 때는 아예 어르신들께 접어달라고 부탁하고 나는 다른 일을 하기도 한다. 그런 어르신을 늘 고맙게 생각했고 항상 무엇이든지 더 드리고 싶은 마음을 가진다. 매일의 문단속도 귀찮겠지만, 귀찮은 티를 내지 않고 항상 단속한다. 그러면서도 나에게 한 번 더 확인해 보라고 말한다. 몇 번의 확인 하는 습관으로 요양원이 안전하게 밤을 지낼 수 있었다. 그 어르신은 평소에도 항상 '조심조심'을 입에 달고 산다. 보기에 우리가 그토록 불안했던 것 같다. 28세 초보 간호조무사가 급히 왔다 갔다가 하는 모습을 보면서 항상 어르신은 걱정 어린 눈길로 바라본다. 우리가 아무리 젊다고 해도 넘어질 수 있고 물건 떨어뜨릴 수 있다. 어르신 말 잘 듣고 자신의 마음을 조금 더 침착하게 다잡을 수 있다. 어르신들이 지금은 거동이 불편하여 요양원에 살지만, 한때는 그들은 이 나라를 부강으로 이끌어가는데 큰 헌신을 한 분들이다. 자녀들을 잘 양육하여 각자의 직장에서 한몫을 감당하게 하고 가장의 무게를 다하면서 부모로서의 사회에 대한 도리를 다하였다. 이런 분들이 지금 장기요양제도의 혜택을 당연히 받아야 한다고 본다. 어르신에 대해 바라보는 견해가 긍정적이니 어르신들을 좋아할 수밖에 없다.

어르신들은 살아온 자체가 지혜였다. 긴긴 세월을 이겨내고 당당하게 노년에 접어들었다. 지금도 몸에 밴 근검절약 하는 습관을 지니고 있고 그들을 바라볼 때 그저 그들의 젊었을 때를 생각하면서 그들을 존경하는 마음으로 바라보기를 원한다. 나는 요양보호사로서 그들을 케어할 때마다 '그들의 젊었을 때는 어찌했을까?', '이렇게 요양원에 올 줄을 생각했을까?' 이런 질문들을 스스로 한다. 그들은 분명 삶이 좀 더 나아질 거로 생각했었고 작은 희망 하나를 붙잡고 살아왔을 수도 있다. 그들을 바라보면서 나의 노년이 지금의 부모 세대만큼 했으면 좋겠다는 생각을 해볼 때도 있다. 그러면서도 나의 노년은 좀 더 풍요로웠으면 좋겠다고 생각한다. 생각의 틀에 잡혀있지 않고 항상 자신을 성장하기 위해 노력한다면 풍요로운 마음을 가질 수 있을 것이다. 하루를 살아도 후회 없는 하루를 살아가면서 최선을 다하면 마지막에 하고 싶은 것을 다 하고 인생 잘 살았노라고 하면서 떠나고 싶은 마음이다.

어르신을 내 부모처럼 돌보고 배우기로 했다

　최근에 요양원을 옮기려고 구직 포털 사이트를 본 적이 있다. 요양원 모집 조건이 초졸 이상이었다. 다른 구인처에는 요양보호사를 모집한다고 했지만, 그 구인처만큼은 초졸 이상이라고 적었다. 순간 나는 생각했다. 왜 굳이 초졸 이상이라고 적을까? 학력이 중요할까? 대졸이면 어떻고 초졸이면 어떤가? 어르신에 대한 돌봄만 잘하면 되지 않는가? 그럼에도 초졸 이상이란 말은 우리 요양보호사를 낮춰보는 느낌이 든다. 아무나 요양보호사 자격증만 있으면 된다는 메시지다. 요양보호사는 국가에서 인증한 고시를 통과해야만 자격증을 딸 수 있다. 진입 문턱이 낮은 만큼 누구나 다 요양보호사 자격증을 따기만 하면 가능한 직업이다. 요즘은 종종 뉴스에서 요양원에서 학대 사건을 볼 수 있다. 어르신에 대한 방치와 방임, 그리고 그 외에 폭행 등 이슈 거리가 많아져서 사람들이 요양원이나 요양병원에 대한 인식이 안 좋다. 그럼에도 우리 요양보호사들은 최선을 다하고 있다. 그런 요양원과 우리 요양원은 다르다. 내가 다니는 요양원에서는 아직 학대를 보지 못하였고 모두 어르신들을 신처럼 섬기고 불편하지 않도록 잘 돌본다. 세상에는 그래도 더 많은 사람이 선한 마음을 가지고 사회적으로 좋은 영향을 끼치고 있으며 극소수가 안 좋은 영향을 끼친다.

요양원에서 보면 남자 어르신들은 70대 어르신들이 많다. 그보다 더 젊은 남자분들도 있다. 우리 요양원에도 70대 초반인 남자 어르신들이 L씨와 N씨 2명이다. 처음에 요양보호사로 일할 때는 부모에 대한 애착을 느끼지 못했지만 3년 차 접어들면서 요양보호사 일도 몸에 익어 가면서 그들을 돌보는 것이 마치 내 부모를 돌보는 것 같다는 생각이 든다. 내 부모님은 현재 중국에 계시고 자식은 나 혼자이다. 그럼에도 부모님은 지금까지는 자식인 나에게 부담을 주지 않으려고 한다. 부모님이 한국에 오셔서 우리와 함께 살면 좋겠지만 부모님은 고향이 중국인 만큼 중국을 더 좋아한다. 가끔 중국 요양원의 안 좋은 영상도 본다. 그러면서 부모님은 늙어서 요양원 가는 것을 아주 못마땅해한다. 중국 요양원은 대체로 한국 요양원보다도 돌보는 질이 상대적으로 더 떨어진다. 많은 노인은 요양원에 가는 것은 자식이 부모를 버리는 고려장이라고 생각한다. 우리 부모님도 한 분이 돌아가시면 어쩔 수 없이 요양원에 간다고 한다. 내 부모님이 요양원에 가더라도 한국 요양원에 가면 좋겠다는 생각이 든다. 내가 어르신을 돌볼 때 부모님처럼 돌보기에 다른 어르신도 부모님처럼 모실 수 있다고 생각한다.

우리 요양원에 2명의 남자 어르신도 내 부모님과 비슷한 나이대다. 그들이 요양원에서 잘 지내도록 말벗도 하고 늘 내 부모님처럼 간식도 잘 챙겨 드리고 이런저런 얘기도 나눈다. 그 어르신은 지금까지 거의 모든 일을 스스로 잘하고 우리 요양보호사를 많이 도와준다. 마치 아버지가 딸을 도와주는 것처럼 말이다. 그런 어르신 보면서 먼 곳에 부모님이 생각나서 눈물 날 때도 있다. 이렇게 같이 살면 얼마나 좋을까? 다른 어르신은 말은 못 하고 거의 모든 일을 우리가 도와드려야 하는 침상 어르신이다. 그래도 의식이 있으셔서 어떤 일을 진행할 때 항상 어르신에게 무엇을 할 거라고 말씀드리고 행동을 진행한다. 어르신이 눈을 깜빡이면서 협조를 해준다. 그마저 고마운 일이다. 만사가 귀찮은 어르신이지만 지금까지 돌볼 때 협조를 많이 해주었다. 그 어르신 얼굴을 보면 수염이 잘 자라고 있다. 나는 어르신 보면서 이런 생각에 잠긴다. 그 어르신이나 나나 언제 죽을지 모른다. 적어도 내가 돌보는 타임에 돌아가신다면 얼굴이나 다른 어떤 곳도 깨끗하게 한 채로 돌아가셨으면 좋겠다는 마음으로 수시로 면도기로 면도를 해드린다. 혹시 돌아가셨을 때 면도하지 않아 얼굴이 더 초라해 보일까, 또 다른 어떤 곳에 아쉬움이 남아서 어르신 더 잘 돌봐드렸어야 하는데 하는 후회를 하지 않기 위하여 나의 신경은 더 예민해지고 그에 대하여 더 관심을 가진다. 여자분들은 수염이 없지만 남자분들은 수염이 있으면 얼굴이 더 초라해 보인다. 항상 신경을 써서 면도해 드리고 있는 것도 일종의 행복한 느낌을 얻는다.

L씨 어르신은 우리가 야간에 근무할 때도 항상 문단속을 도와주고 계시고 아침 식사 때에도 어르신이 바쁜 요양보호사를 많이 도와준다. 그러면서도 우리가 잘못하고 있거나 행동하면서 비효율적으로 할 때 어르신은 우리에게 '이렇게 하면 더 안 좋으냐'라고 얘기하고 가르쳐 준다. 그의 말대로 하면 어떤 일들은 확실히 더 잘 된다. 요양원에 다니면서 내 마음에 늘 측은한 생각을 하고 있기에 시댁에 갈 때도 언제부터인가 시부모님이 측은해 보이기 시작했다. 시아버님은 80대 중반이고 시어머님은 70대 중반이다. 시어머님이 당뇨 합병증으로 눈이 잘 안 보이고 합병증으로 고생하는 모습을 보면서 마음이 아프다. 전에는 항상 어른들이 건강하다고 생각했지만, 그들도 항상 건강하고 위엄있지는 않다. 최근에 보면 정말 많이 도와드려야겠다는 생각이 난다. 지금까지 인지가 좋기에 집 안 청소 같은 것은 방

문 요양보호사의 도움을 받고 있지만 밥은 아직 어머님이 한다. 젊었을 때 손맛이 좋기에 눈이 잘 안 보여도 지금까지는 어머님이 하시는 음식이 맛이 있다. 지금까지 일요일에 한 번씩 보는 손주들에게 맛있는 것을 해주고 해주는 것으로 기뻐한다. 우리가 결혼해서 몇 년을 함께 살면서 아이들 3명을 거의 아버님 어머님이 키워줬다고 해도 과언이 아니다. 그런 덕에 아이들이 할아버지 할머니를 잘 따르고 많이 좋아한다. 지금은 분가해서 살지만 조손 관계가 좋다. 둘째 아이는 할머니한테 많은 신경을 쓴다. 할머니가 필요하다고 얘기하는 것이 있으면 마트에 갈 때 항상 챙겨서 구매해 드린다. 또 할머니가 요리하는 것도 둘째 아이가 잘 도와드린다. 할머니 할아버지에 대한 애착이 크다. 부모인 우리가 부모님에게 하는 모습을 아이들은 다 보고 자란다. 우리가 부모님에게 잘하려고 노력하는 것을 아이들은 잘 알고 있다. 굳이 할아버지 할머니께 잘해드리라고 교육하지 않아도 아이들은 다 알고 있다. 자식이 부모인 우리에게 잘하기를 바라면 우리가 먼저 우리의 부모님을 존중하고 잘 해드려야 한다.

  언젠가 옛날 두 친구의 집 이야기를 본 적 있다. 옛날에 한 동네에 두 친구가 가정을 이루고 자녀를 낳고 살고 있었다. 자녀가 나이 들어가면서 A씨와 B씨 역시 며느리를 보게 되었다. 그런데 A씨네는 점점 더 부유해지고 가족이 화목한 방면 B씨네는 점점 가세가 기울어져 갔다. 가난한 B씨는 A씨에게 부유하고 가정이 화목한 이유를 물었다. A씨가 B씨에게 한 가지 방법을 가르쳤다. 자식들에게 누가 봐도 부당한 일을 시켰다. 송아지를 지붕 위에 끌어 올려 보라는 것이었다. B씨는 송아지를 어떻게 지붕 위에 끌어 올리냐는 생각으로 아들 며느리에게 시켜 보았다. 역시 아들 며느리는 아버지가 부당한 요구를 하신다고 하면서 아버지를 나무라고 투덜거렸다. 그러면서 아버지가 노망이 났다고 하면서 노발대발하였다. 결국 송아지를 지붕 위에 끌어 올리지 아니하였다. B씨는 당연하다고 생각했다. 그러면서 A씨를 찾아가 말도 안 되는 것을 자녀들에게 해보라고 해서 괜히 가정에 더 불화만 일으켰다고 한탄했다. 이 말을 들은 A씨는 자기 아들 며느리에게 똑같은 방법으로 송아지를 지붕 위에 끌어 올리라고 했다. 그때 A씨의 아들 며느리는 아무 말 하지 않고 송아지를 끌어다가 지붕에 옮기려고 애를 썼다. 송아지가 지붕으로 올라가기는 만무했다. 그 순간 B씨는 자신과 A씨네 어떻게 다른 점을 알게 되었다. 가화만사성(家和萬事成), 이 속담을 잘 알려주는 이야기다.

요양원에 근무하면서 어르신을 내 부모처럼 돌보고 배우기로 했다. 내 부모에게 잘하지 못하고 자녀들한테 효도를 받으려는 마음은 도둑놈 심보다. 우리가 부모에게 하는 것을 우리의 자녀들은 보고 있다. 내가 먼저 부모에게 효도해야 자녀도 자기들의 부모를 알아본다. 부모님에 대한 애착을 요양원 어르신들 한데 쏟아부으니 부모님이 눈에 보이고 그들에게도 도움의 손길이 필요함을 볼 수 있고 느낄 수가 있다. 부모님은 우리가 어렸을 때 무엇이나 잘하고 힘이 센 부모님이 아니다. 어렸을 때는 부모님이 우리를 위해 헌신을 했지만 이제 우리가 성장하여 부모가 되어보니 우리 부모님들에게 헌신해야 한다. 우리나라는 효에 민감하다. 많은 사람이 부모님에 대한 효도를 실행하기에 나라의 안녕도 있는 줄로 안다.

Chapter 2.

힘들고 지칠 때 글을 써야 하는 이유

요양보호사라서 나는 글을 쓴다

오늘도 새벽 기상을 했다. 먼저 남의 글 한 꼭지를 필사하고 내 글쓰기를 시작한다. 야간하고 쉬는 두 번째 날이다. 이런 날일수록 글쓰기 좋은 날이다. 올해 책 쓰기 계획을 SNS에 선포하고 계획에 따라 완성하기로 하였다. 그러나 글이 잘 안 써지는 날이 있기도 하고 개인적인 일을 할 때도 있어서 계획된 날 안에 다 완성하지 못할 것 같아 마음 한구석에 조바심이 생긴다. 물론 조금 늦게라도 목표에서 눈을 떼지 않는 한 완성할 수는 있다. 하지만 이번 책 쓰기는 8월8일 이전에 계약할 수 있도록 노력해야 한다. 오늘도 노트북 켜놓고 초고 쓰기가 시급하지만 그래도 필사 한 꼭지 하고 초고를 작성해 간다. 생일에 자신에게 주는 선물이라고 생각하기에 초고 쓸 때 집중해서 초고를 쓸 수 있다. 8월8일 생일에 받을 선물을 미리 상상하면서 초고를 쓰니 힘이 난다. 조금 시간이 걸리더라도 계획에서 시선을 돌리지 않으면 1년 안에 개인 저서 1권 쓰겠다는 연초의 목표는 이루어질 것이다.

현재의 요양원 생활이 며칠 남지 않았다. 지금 직장에 3월 말까지 그만둔다고 얘기하고 일하면서 쉬는 날 중간중간 면접 보러 다녔다. 생활이 어려워서 공장에 갈지 고민했지만, 공장에 가서 쓰고자 하는 책을 완성할 수 없음을 너무 잘 안다. 주5일 근무가 매우 부담스럽기도 했다. 나는 주간 보호보다 주, 야간 보호를 하는 시설을 선호한다. 나의 시간을 더 많이 활용하여 책을 쓰고자 하는 목적이 분명하므로 더 이상 생산직으로 살지 않기로 하고 규모가 더 큰 요양원을 선택했다. 면접보러 갔는데 두 곳에서는 그 당시 기다리라고 했다. 한곳에서 바로 4월 1일부터 출근해도 좋다는 답변을 받았다. 당시 원장과 사무국장이 내가 이미 3년 차의 경력직임을 인정해 주고 또 자기 발전에 힘쓰는 사람임을 알아줘서 고마웠다. 면접 당시 '나는 그저 남들의 기저귀나 가는 그런 사람이 아니라 더 성장하고 어제보다 더 나은 내가 되기를 원한다'라고 의사를 밝혔다. 그런 모습에 원장과 사무국장은 더 만족해하는 듯하였다. 일자리가 정해지면서 현재의 요양원 일도 잘 마무리 해가는 단계다. 떠난다고 생각하니 어르신들을 보면 더 안쓰럽고 잘해드리기를 바란다. 하루하루 최선을 다하면서 어르신들에게 한 번 더 관심을 가진다. 하루에도 몇 번이고 들락날락하면서 어르신들 상태를 살피고 어르신들에게 온통 신경을 쏟고 있다. 아름다운 사람의 마무리가 아름답게 하기 위해서이다.

요양원 일을 하면서 이미 1권의 개인 저서와 여러 권의 공저를 출간할 수 있었다. 책 쓰기의 큰 효과를 알고 있기에 책 쓰기를 포기할 수 없는 이유를 가지고 계속 책 쓰기에 도전한다. 주변 사람들은 직장 일만 해도 힘든데 책을 썼다는 사실에 놀라 한다. 어떻게 직장 다니면서 책을 쓰냐고 한다. 그러나 사람들이 원하는 것을 계획을 세우고 늘 원하는 것을 이룰 방법만 생각하고 그것을 위해 자신의 시간을 들이면 결과는 나오는 법이다. 책 쓰기를 하면서 나는 꿈을 꾸고 꿈을 이루는 방법을 터득하였다. 처음 책을 쓰고 싶은 간절한 욕구가 있었고 원하는 것에 시선을 고정하였으며 어떻게든 책을 쓰고자 많은 관심과 시간을 들였다. 그리고 한 꼭지씩 계속 써 내려갔다. 잘 써질 때도 있고 안 써질 때도 있다. 인생 첫 책을 쓸 때나 두 번째 개인 저서 쓸 때나 마음은 항상 설레고 긴장되면서 집중을 요하는 것은 마찬가지다. 이미 결단했기에 원하는 것을 위하여 행동해야 하는 것이 정말 고될 때가 많다. 그래도 시선을 목표에서 떠나지 않고 계속 쓰다 보면 첫 책보다는 조금 더 발전한 모습으로 독자에게 보여줄 수 있을 것이라는 확신을 두고 쓴다.

책을 쓰면서 삶의 우선순위를 잘 알아가는 것이 얼마나 중요한지 안다. 책을 쓸 때 모든 정신을 책 쓰기에 집중하고 어떤 일이 생기든지 책 쓰기를 우선으로 하는 것이다. 책 쓰기를 결정하고 책 쓰기가 우선순위에서 밀려나면 책을 써내지 못한다. 우선순위가 명백하기에 책 쓰기를 완성할 수 있고 출간된 책이라는 결과물을 받아 볼 수 있다. 요양원 일을 하면서도 일의 우선순위가 중요하다. 어르신들이 대체로 고질병을 앓고 있다. 그중에서 어떤 어르신들은 위독할 수 있다. 케어하는 우리가 먼저 상태 파악을 잘해야 하고 어르신들 조금이라도 불편함이 있으면 팀장이나 간호사(간호조무사)한테 상황을 수시로 알려야 한다. '한 번 더'의 관심을 가져야 어르신이나 우리나 위급한 상황을 빨리 해결할 수 있다. 평소에는 어르신들 보통 고질병 약을 잘 챙겨 드시면 특별하게 위독하지 않다. 기침이 심하거나 열이 나거나 장염 등을 앓을 때 어르신들은 언제든지 위독해진다. 이미 모든 기능이 다 저하되었기 때문에 젊은 사람과는 달리 작은 병의 징조라도 보이면 심해질 수 있다. 젊은 사람들에게 간단히 넘어갈 감기도 어르신들에게는 위험의 요소가 될 수 있다. 이럴 때 상황 파악이 잘 안되고 일의 우선순위를 놓치게 되면 위독하여 큰 병원 응급실로 가야 할 때도 있다.

책 쓰기를 하면서 일의 우선순위를 알게 되니 여러모로 일할 때 도움이 된다. 가정 살림에서도 도움이 되고 있다. 이전에 직장 생활할 때 새벽 시간에 일어나서 밀린 설거지와 집 안 청소를 아침에 하였다. 그러니 늘 출근 시간에 쫓기고 집도 제대로 정리되지 않고 어떤 결과물도 만들어 낼 수 없었다. 그러나 새벽에 필사 독서를 하면서 남의 글도 한 꼭지 베껴 쓰고 내 글도 한 꼭지 쓰고 여유롭게 출근할 수 있다. 이것은 우선순위가 책 쓰기에 있고 집 안 청소는 책 쓰다가 피곤하고 집중이 잘 안되는 시간 동안 집안일을 하기에 집안일을 하는데 기한을 걸어놓고 빨리 효율적으로 한다. 책 쓰기를 이어서 하기 위하여 최대한 집안일을 빨리 끝내야 한다. 이렇게 몸이 길들어지니 요양원 일에서도 빨리 맡은 바의 일들을 끝낼 수 있다. 책 쓰기를 하면서 삶에 선순환이 일어나는 것이다. 우선순위를 잘 알고 어떤 일을 하는데 기한을 잘 알기에 모든 일을 함에 있어서 잘 된다. 집안 살림도 어느 정도 잘 이어져 가고 결과물도 나오니 책 쓰기를 멈출 수 없다. 처음에 책 쓰기를 할 때는 우선순위를 몰라서 힘들었다. 집안 살림은 제대로 되지 않고 책은 써야겠고 시간을 어떻게 다루어야 할지를 몰라 남편한테도 잔소리를 듣고 했다. 그러나 글을 쓰고 삶의 우선순위가 잘 되어가니 더 이상 남편의 잔소리도 들을 필요 없고 책도 써낼 수 있다.

나는 요양보호사라서 책을 쓴다. 나 자신을 살리는 책 쓰기를 하면서 책을 쓰기 위해서 더 많은 책을 읽고 정신세계를 더 풍요롭게 할 수 있고 또 마음 상태도 더 넓힐 수 있다. 요양보호사로서 요양원의 삶을 기록하기 위하여 어르신들한테 더 관심을 가지다 보니 퇴근해서 요양보호사로서의 하루를 글로 남길 수 있고 작가로서 삶을 바라보기에 모든 삶의 순간을 기록하고 남기려고 생각한다. 관점이 바뀌면 삶에 대한 태도가 바뀔 수 있다. 삶의 모든 순간이 중요하고 소중하지만, 그것을 기록으로 남기면 책으로 될 수 있지만 순간들을 기록하지 않으면 의미 있었던 일들도 시간이 지나면서 기억 속에서 잊히게 된다. 우리의 기억은 결코 믿을만하지 못하다. 요양보호사들도 일을 하면서 많은 일들이 기억에 남는 일이 될 수도 있다. 그러기에 요양보호사라면 책을 쓰는 것이 좋은 제안이다. 어르신들의 마지막을 우리가 기록할 수 있기 때문이다. 어르신들의 마지막을 돌보면서 어르신들한테 조금 더 관심을 가지고 조금 더 곁에 있어 주면서 어르신들의 마지막을 조금이나마 풍요롭게 해줄 수 있다고 자부하고 요양보호사의 일을 해야 하기에 책 쓰기를 미루지 말고 도전해 보라. 책 쓰기만큼 자신을 성장시키고 힐링시킬 방법이 더 있을까?

글쓰기는 나를 돌보는 최고의 방법이다

글 쓰기는 나를 돌보는 최고의 방법이다. 요즘 시대의 발전에 따라 사람들의 삶은 더 빨라지고 급해지면서 많은 사람이 자신을 돌보지 않고 살다가 자신을 잃어버리고 방황한다. 나이에 상관 없이 인생의 명확한 목표가 없이 사는 대로 살아간다. 감정은 메말라 있고 더 많은 풍요를 누리고 있으면서도 결핍을 느낀다. 감정의 메마름과 아픔은 치유를 받아야 한다. 치유를 받지 않는 상태에서 계속 앞만 보면서 달리다가 젊은 나이에도 요양원 신세 지는 사람 많다. 우리 요양원에도 60대 초반의 어르신도 있다. 볼수록 젊은 나이의 어르신 보면서 안타깝기도 하다. 나는 요양원 어르신들 보면서 '나'를 돌보면서 살아야 한다고 생각한다. 나를 돌보는 방법도 여러 가지가 있지만 자신의 감정을 어루만져 주고 자신을 인정하고 칭찬해 주고 수용하는 방법으로 나는 글 쓰는 방법을 최고의 방법이라고 생각한다.

나는 인생 첫 책을 쓸 때 요양보호사 직업을 가지기 시작했다. 요양보호사 직업상 특징으로 시간상으로 제조공장보다 여유로웠다. 공장에 다니면 주5~7일을 계속 다녀야 했다. 그러나 요양보호사는 주 5일 근무이고 적어도 5일을 계속 주간만 근무하지 않는다. 2~3일은 주간이고 1~2일은 야간이다. 그러니 자신을 위한 시간을 충족히 가질 수 있고 그 시간 자신을 발전시키기로 했다. 아픔도 슬픔도 그리고 또 다른 사람에게 도움이 될 만한 것도, 자신의 존재감을 세상에 드러내기 위하여 직장 외의 시간을 이용하여 자신을 더 성장시키는 방법을 찾아야 했다. 아직 판매나 마케팅에 대해 잘 모르기 때문에 책을 보고 필사하고 내 글을 쓰는 것으로 자신을 성장시키고 있다. 매일 새벽 일어나서 필사를 한 꼭지 하면서 내 글도 쓰고 싶은 강한 욕구를 느낀다. 필사하다 보면 나도 작가들처럼 글을 쓸 수 있겠다는 생각이 들었다. 이런 생각이 든 것도 요양보호사를 하면서 든 생각이다. 그전에는 자신을 생각할 줄 몰랐다. 그저 가정에 맞춰 남편에 맞춰 살면서 자신을 사랑하는 마음이 없었다. 자신을 사랑하지 않는 자가 누구를 사랑할 수 있겠는가? 그러니 삶이 힘들 수밖에 없다. 생각 없이 그냥 사는 대로 살아가니 삶이 계속 나를 깨워준다. 제발 자신을 사랑하라고, 깨닫지 못하고 계속 자신의 감정을 억누르고 살아가기에 내면에는 미칠 것 같은 답답함이 있었다. 그 답답함을 표출해야 하는데 표출하지 못하니 얼마나 썩었겠는가?

이전에는 자신을 돌볼 줄 모르다가 독서하면서 점점 어떻게 자신을 돌봐야 하는지를 알아갔다. 인생 첫 책을 쓰고나서 필사도 멈추고 오직 독서만을 했을 때 경제적으로는 조금이나마 더 안정적인 삶은 정신적으로 나를 더 피폐하게 만들었다. 1년 동안 과한 근무 시간으로 몸도 망가져 가고 마음도 병들어 갔다. 첫 책 이어서 두 번째 책을 쓰고 싶으나 쓸 시간이 전혀 나지 않았다. 출퇴근만 하는데도 피곤해서 정신적으로 그 어떤 여유가 없었다. 아침 7시에 공장 셔틀버스를 타고 50분 정도 거리를 가야 했고 저녁에는 보통 21시에 마쳐서 집에 오면 22시 되고 어떤 날은 22시에 마쳐 23시에 집에 도착할 때도 있다. 일요일 하루 쉬는 날인데 밀린 집안일과 공장 작업복 빨래를 하다 보면 쉬는 하루가 너무 짧았다. 그리고 온몸이 이리저리 아프기 시작했다. 허리가 아프기 시작했고 팔도 아프기 시작했다. 처음에 몸이 아프지 않을 때 한 달간 고생을 해도 비교적 높은 월급을 받을 수 있어서 모든 것을 잊게 해주었지만, 몸이 점점 아프면서 월차와 연차를 미리 당겨써가면서 병원에 다니기 시작했다. 빠지는 날이 많으니 자연히 월급도 적어졌다. 직장 일을 하면서 자신을 돌볼 수 없기에 몸도 마음도 점점 병들어 갔다.

몸이 아픈 것은 공장은 식품을 처리하기에 온도가 좀 낮았고 내 체질은 추운 곳을 싫어하기 때문에 체질과 공장 생활이 잘 맞지 않았다. 결국 1년 정도 일하고 그만두었다. 몸이 아파 병원 신세 지는 것보다 몸이 덜 아프고 병원 신세 안 지는 편이 훨씬 나았다. 고생해서 버는 돈을 병원에 가져다주려고 하니 눈물이 났다. 월급이 적어도 나를 돌보면서 자신한테 시간을 투자하고 자기 관리를 할 수 있는 요양원 일이 나의 삶에 도움이 된다고 판단하고 과감히 다시 요양보호사 일을 하게 되었다. 그리고 1년 동안 이루지 못한 책 쓰기 목표를 다시 그리면서 필사부터 회복하였다. 필사의 가치를 이미 알고 있기에 필사를 마음먹고 해가면서 점점 자신이 원하는 책 쓰기에 가까워지게 되었다. 작년 공저 쓰기를 마쳐서 올해 지금 첫 공저 《소중한 내 아이에게 꼭 알려주고 싶은 것》이 출간되었다. 작년에 2권의 공저와 한 권의 전자책을 써냈고 올해 다시 공저와 개인 저서 쓰기에 도전하였다. 사람들은 요양보호사가 자기 일하기에도 힘든데 언제 책 쓸 시간이 있고 힘들게 뭐 하러 책 쓰냐고 하지만 나는 책을 쓰는 것으로 정신적 에너지를 채워준다. 책을 읽고 필사하고 책을 쓰고 이런 것들이 나를 숨을 쉬게 만든다. 내가 결코 책을 잘 써서가 아니라 책을 쓰므로 나 자신이 숨을 쉴 수가 있고 행복감을 느끼기 때문이다. 이렇게라도 자신을 표현하고 싶은 것이다. 물이 고이면 썩듯이 나는 한곳에 정신이 머물러 있기를 거부한다. 물처럼 자유롭게 내 생각을 뻗치고 싶은 마음이다. 사람마다 추구하는 것이 다르다. 나는 돈을 버는 것도 좋지만 더 갈급하기는 내면의 성장과 발전을 추구한다. 내면의 성장과 발전은 책을 읽기만 해서 생기지 않는다. 내면의 감정이나 지혜나 드러내야 이루어진다. 자신과의 약속이 하나씩 이루어지면서 자신을 짓누르던 것들이 하나씩 결과를 만들어 내고 줄어들고 점점 삶이 가벼워진다.

　필사하고 책 출간하면서 스스로 자신을 세워줘야 하나님도 나를 살려주신다는 사실을 알았다. 자신을 포기하면 아무도 나를 세워줄 수 없다. 나를 포기하는 대신 나를 수용하고 살리기로 결단했다. 그리고 날마다 필사와 확언을 하면서 자신의 기분을 끌어 올리고 자존감을 키워나갔다. 자존감도 자신을 세우겠다고 의도적인 노력을 할 때 세워진다. 의도적인 것들이 없이 사는 대로 흘러가는 대로 산다면 사는 대로 생각이 현실에 잡혀있기에 삶은 편협하고 의미를 잃어간다. 매일 자신을 정의하고 말하는 대로 내 삶이 펼쳐져 간다. '나는 책 쓰는 요양보호사다.', '나는 글을 쓰는 것으로 나를 살린다.'. 내 생각과 시선을 책 쓰고 글 쓰는 데 집중시킨다. 책 쓰고 글 쓰는 삶을 원하기에 원하는 결과에 집중하여 결과물을 얻는다. '심은 대로 거두리라'를 이루어 간다. '나'를 살리는 방법을 알고 그 방법대로 하나씩 행동하고 내면의 완전함을 깨우고 더 완전한 자신을 만들어 간다.

글쓰기는 나를 돌보는 최고의 방법이다. 암울한 시기를 보낼 때 필사가 나를 살렸고 성장시켰다. 그러니 아무리 일이 바쁘더라도 필사를 내려놓을 수 없다. 누가 뭐라 해도 내 삶의 우선순위는 필사이다. 지금도 나는 영성에 관한 책을 필사하기 좋아한다. 우리의 영이 우리의 육체와 정신과 잘 조화되어야 하기에 나는 영성 관련 책을 좋아하는 편이다. 필사 독서로 정신적 영양을 제공하고 책을 쓴다는 자부심으로 자신의 정신을 한 단계 더 성숙시키며 책 쓰는 요양보호사가 되어 많은 사람 앞에서 강연하는 것을 꿈꾸면서 자기 관리에도 신경 쓰게 된다. 자신을 돌보고 관리하는 것이 값진 투자이고 효율적이다. 힘들고 지칠 때, 많은 스트레스를 받을 때, 나는 나만의 스트레스 해소법으로 필사를 장착했다. 요양보호사 일은 감정 노동이고 육체적 노동이기에 자신을 육체적으로 정신적으로 잘 돌봐줘야 한다. 필사하면서 자신의 글을 쓸 수 있는 것이 감정을 돌보고 가정과 직장에 나의 스트레스를 풀어 놓지 않고 힘든 세상을 꿋꿋이 잘 이겨나간다. 나를 돌보니 가정도 직장도 편하고 드디어 행복함을 느낀다. 자기 내면에서 나오는 이 행복감을 소중히 여기고 오늘도 필사에 집중한다. 그리고 초고 한 꼭지도 완성한다. 나의 책이 완성되어 출간되는 날을 기대하면서 필사하고 초고 쓰는 쉬는 하루가 나에게는 최고의 휴식이라고 말할 수 있다.

나를 돌봐야 어르신들도 돌본다

며칠 전에 요양보호사끼리 하는 얘기를 들었다. 야근한 사람이나 야간에 근무할 사람들도 10~30분의 교육을 받기 위해 참여를 해야 한다는 사실에 불만을 얘기하던 차였다. 선임들이라 몇 년씩 근무하던 사람들이라 이미 몇 번의 교육을 반복적으로 들었다. 그러기에 그들은 야간 근무 한 사람이나 야간 근무 들어올 사람들은 배려를 해줘야 한다고 의견을 모으기도 했다. 그들이 하는 말 중에 "우리가 자신을 잘 돌봐야 어르신들도 잘 돌보지 않겠느냐, 야간 근무 한 사람이나 야간에 근무할 사람들이 얼마나 피곤한데 좀 배려해 주면 좋겠다" 이 말을 들으면서 나도 그런 생각이 난다. 코로나가 한창 심할 때,

야간 근무 시 아침에 코로나 검사하기 위하여 낮에 쉼에도 불구하고 매주 정해진 날에 코로나 검사하러 일부러 가야 했다. 그 사실이 여간 불편하지 않았다. 그때 나도 그런 생각을 했다. '야간에 출근하는 사람 출근해서 자가진단 키트 하면 안 되나? 굳이 PCR 검사해야 하나?' 기나긴 코로나 기간 요양원은 일주일에 한 번씩 계속 PCR 검사를 했다. 아무리 자주 코를 쑤시고 목을 쑤셔도 할 때마다 적응이 되지 않았다.

코로나 시기가 전면적으로 끝났다. 요양보호사들이 제일 바라는 일이 마스크를 벗는 일이다. 대부분 50대 중후반으로 마스크를 쓰는 것을 답답해한다. 다른 곳은 마스크 해제가 진작 이루어졌지만, 요양원이나 병원은 아직 마스크 착용한다. 나는 마스크 착용하는 것이 습관이 되어 별로 답답하지 않다. 마스크는 나의 못난 모습을 가려준다. 마스크 뒤에서 나는 언제나 웃고 있다. 속은 까맣게 타들어 갈 때도 마스크 뒤에서는 웃고 있기에 사람들은 내가 웃는 줄로 알고 있다. 또 웃음을 습관화하려고 일부러 마스크 뒤에서 웃는 연습 하고 미소 짓는 연습을 한다. 마스크를 쓰지 않고 억지로 웃는 연습을 하면 얼굴이 일그러져 보이기 싫다. 그동안 내 삶이 얼마나 고단했으면 얼굴이 늘 성난 인상이었는지 잘 알고 있다. 미소만 지어도 인생이 바뀐다고 했다. 나는 인생을 바꾸기 위해 미소 짓는 연습을 의도적으로 한다. 점점 내 몸도 미소 지을 줄 알게 되어가고 굳었던 얼굴이 점점 펴지고 삶도 점점 펴지기 시작했다.

　내가 미소를 지을 수 있는 다른 한 가지는 매일 하는 필사 덕분이다. 필사하기 때문에 독서하고 또 내 글을 써갈 수 있고 감정을 정리하고 평화로운 삶을 살아갈 수 있었다. 이해하지 못하는 삶도 책 중에서 해결 방법을 찾아가면서 삶이 전에 내가 생각했던 것처럼 그리 어렵지 않게 느껴졌다. 이전에 도망가고 싶었던 삶이 이제는 주저하지 않고 내가 주체가 되어 살아갈 용기를 가지고 당당하게 맞서 나간다. 모든 것이 인과가 있고 과정인 것을 알았기에 삶을 바라보는 나의 관념이 바뀌어 진 것이다. 나는 삶의 고난을 필사하거나 내 글을 쓰는 것으로 돌본다. 내 감정을 지면에 적고 풀어가는 것이다. 필사하고 글을 쓰면서 스트레스로 인한 나쁜 감정이 덜 쌓이게 되어간다. 대신 좋은 감정들은 하나씩 더 싸여가고 있어서 전체적으로 글쓰기와 책 쓰기는 나의 삶을 긍정적인 선한 방향으로 이끌어간다. 보통 사람들도 '나를 돌봐야 어르신들 더 잘 돌 볼 수 있다는 사실을 안다.' 그러나 그들의 그런 생각은 생각일 뿐 기록으로 남겨지지 않는다. 아무리 많은 사람이 알더라도 기록으로는 남지 않는다. 글을 쓰는 나는 그들과 같은 일을 하지만 동료들이 주고받는 한 가지 얘기라도 글감으로 잡을 수 있다는 점이 나의 삶의 무기가 될 수 있다. 물론 반평생을 살아온 그들이기에 삶에 대하여 적극적이고 긍정적인 삶을 살아간다. 요양보호사직업에 종사하는 사람들이 다수는 긍정적인 편이다. 그들은 사랑의 마음으로 헌신하고 사랑의 행동으로 표현하기에 그나마 다른 직업군보다는 많은 사랑을 가지고 사랑으로 세상을 채워나간다.

어제 한 요양보호사가 출근했다가 몸이 아파서 1~2시간 일하고 도저히 안 될 것 같아서 퇴근하고 병원으로 갔다. 결과 갈비뼈에 3곳이나 금이 갔다고 한다. 원래 몸이 안 좋았는데 어르신 케어 시 어르신 발에 갈비뼈를 차인 것이 더 힘들게 했다고 한다. 이미 2주 전쯤부터 몸이 아팠다고 하면서 일 때문에 병원에 가지 못하였다. 작은 병원에서 엑스레이 찍어봐도 결과가 나오지 않아서 계속 아픈 몸을 이끌고 근무했던 것이 병을 더 키웠다. 그 동료 직원이 출근했다가 그만두는 바람에 우리는 5명이 30여 명을 돌봐야 했던 데서 4명이 30여 명 어르신을 돌봐야 했다. 일과가 더 바빠졌다. 30여 명 어르신 같으면 기준으로는 3명당 한 명의 요양보호사가 근무해야 하지만 보통 요양시설은 5~6명 혹은 7~8명까지 돌봐야 한다. 확실하게 인력이 부족하다. 수많은 사람이 요양보호사 자격증을 따지만, 실제 근무하지 않는 사람들이 많다. 그저 필요해서 자격증 따놓고 자존심 때문에, 비위가 약해서 일을 하지 못하는 사람들이 많다. 감정적 노동과 체력적 노동을 하는 요양보호사들이 자신을 돌보지 못한다면 이 일을 해나가기 어려워한다. 치매 어르신 중 다수는 어린아이같이 순하지만 그중에 어떤 사람은 치매로 인하여 더 폭력적이고 폭언하는 사람들이 있다. 일하면서 꼬집히고 맞고 하는 일이 수두룩하다. 어떤 요양보호사는 안경까지 깨진 적이 있다. 언제 돌발상황이 일어날지 아무도 모른다. 돌발상황 때 어르신들의 힘은 엄청나게 세다. 손아귀에 잡히면 손 빼기 힘들다. 그때는 어떻게라도 그들의 손에서 빨리 빠져나와야 하고 도움이 필요할 때는 동료의 도움도 받아야 한다.

아무리 우리가 사랑으로 어르신을 돌보는 사람이고 의무이지만 먼저 우리가 살아야 한다. 그래야 어르신 잘 돌볼 수 있다. 어르신에게 당하면 그 순간만큼 마음이 급하고 괴롭다. 동료들은 받는 스트레스를 먹는 것으로 풀거나 술을 마시면서 푼다. 많이 먹고 어느 정도의 체력을 가져야 어르신들에게 휘둘리지 않고 우리 자신을 지켜나갈 수 있다. 술을 마시면 그 당시는 좋을 수 있지만 결국 몸에 해로운 것이다. 자기 관리가 잘 안되는 것이다. 나도 모르게 입에 자꾸 뭔가를 집어넣는다. 체력 유지라는 핑계를 하고 자기 관리가 안 되고 결국 내 몸이 더 힘들어져 가는 것이다. 나는 먹는 것도 좋아하고 필사도 좋아한다. 스트레스받은 날 내 몸이 피곤할 때까지 필사한다. 필사하다 보면 어느새 스트레스는 해소되고 책의 내용에 몰입해져 간다. 몰입이 스트레스를 풀어준다. 완전히 스트레스받는 상황에서 분리되어 자신이 좋아하는 일을 하면서 엔도르핀을 생성하고 다음 날 출근

할 힘이 생겨서 기분이 좋게 직장에 갈 수 있다. 최근에 직장 내 괴롭힘에 관한 의무교육을 받고 있다. 우리는 쉬는 날 철저히 직장 일과 분리되기를 원한다. 일탈에서 행복감을 얻고 새로운 힘을 얻기 때문이다. 쉬는 날에 요양원 일로 전화를 주면 스트레스를 받기에 최대한 휴무 날에는 전화하지 않는다.

나를 돌봐야 어르신도 돌볼 수 있다. 요양보호사이기에 일탈하고 자신만의 행복을 찾아 노력하는 것도 현명하다. 글 쓰고 책 쓰는 삶이 나를 더 활력 있게 만든다. 같은 목표를 가지고 있는 사람을 만나 서로 동기 부여받고 나의 일을 방해하고 기분을 떨어뜨리는 사람은 만나지 말아야 한다. 글쓰기, 책 쓰기가 나에게 힘이 되고 나의 삶을 긍정으로 이끌어간다면 나는 그 사람들을 만나서 그들과 글쓰기 책 쓰기에 관하여 이야기를 나누고 동기 부여받고 얘기 중에 풀리지 않던 문제들도 풀린다. 보통 책 쓰고 글을 쓰는 사람들이 책을 쓰기 시작하면서 집안에 좋은 일들이 계속 생긴다고 말한다. 나도 그렇게 생각한다. 책을 쓰고 나서부터 삶에 더 애착을 두고 삶을 더 담대히 헤쳐 나갈 힘이 생기고 내가 더 주체적으로 변화되어 가니 가족들도 세상도 나를 보는 눈이 달라지고 스트레스받는 상황도 점점 줄어든다. 모든 것이 점점 더 좋아진다. 부부 사이 관계도, 자녀와의 관계도, 부모와의 관계도, 동료와의 관계도, 나 자신과의 관계가 점점 좋아지니 세상을 바라볼 때 아름답게 보이고 세상도 나에게 우호적으로 보인다. 나를 먼저 돌보고 내 마음을 기쁨으로 채워줄 때 내 속에 아름다움도 세상에 드러날 수 있다.

"나는 글쓰기 젬병이야!" 한계 짓지 말자

갓난아기가 태어나서 수백 번 수천 번 듣고 보고 하면서 자신의 정체성을 키워간다. 부모나 자매가 불러주는 자기의 이름부터 손으로 움직이고 발로 걷는 모든 생각과 행동이 수없는 반복을 거쳐 아이들이 정상적으로 성장해 나간다. 누구도 아기의 처음이 서툴다고 나무라지 않는다. 그저 아기라서 모든 것이 서툰 것을 이해하고 점점 커가면서 익숙해진다고 믿는다. 기대가 있다는 것을 알고 아기들도 두려움 없이 실수하고 넘어져도 스스로 일어나고 매번 새로운 용기를 가지고 일어난다. 모든 것은 처음에 미약하고 보잘것없다. 유명한 사람들도 처음부터 유명한 것이 아니다. 수많은 반복을 거쳐 유명해지고 장인 되고 달인 되는 것이다. 처음부터 잘하는 사람은 아무도 없다. 그럼에도 자신의 달란트를 발견하고 키워가면서 점점 더 강한 존재로 된다. 우리는 누구나 참으로 놀라운 능력을 갖췄음을 다시 한번 알 수 있다.

    요양보호사 일을 처음 시작할 때도 마찬가지다. 선배들의 익숙한 손놀림과 응급상황 대처 방법, 기타 시급한 상황을 처리하는 모습을 보면서 나는 요양보호사 일을 선배들처럼 잘 해낼 수 있을지 걱정하였다. 잘할 수 있다는 자신감도 없고 사람을 상대하는 일이라 불안하기도 했다. 혹시라도 나의 실수로 어르신들 낙상사고가 날 것만 같아서 마음이 불안할 때 선임들은 자신들도 처음에는 잘 못했고 시간이 지나면서 점점 몸에 익고 자기 몸에 맞춰 효과적으로 일을 처리할 수 있다고 말한다. 그들의 처음도 서툴고 보잘것없었고 우당탕 하는 초보 시절이었다. 시간이 지나서 초보에서 벗어나고 경력이 쌓이면서 응급상황에 신속히 대처하여 2차 사고를 방지하는 그들의 모습이 멋지다. 며칠 전 한 어르신이 보통은 늘 침상에 누워 계시는데 그날따라 조심히 침상에서 내려와서 낙상이 일어났다. 각자가 바빠서 미처 확인하지 못하였고 바닥에 앉아 계시는 어르신에게 선임은 매뉴얼대로 신속하게 대처했다. 그동안 많은 교육과 경험으로 2차 피해를 신속히 막을 수 있었다. 옆에서 지켜보는 나는 비록 3년 차 접어들지만 만일 나 혼자였다면 신속히 처리할 수 있을까? 라는 생각을 하면서 나도 그 선임처럼 멋진 요양보호사가 되고자 다짐했다. 자기 업무의 질을 높여서 신속하게 일들을 처리할 수 있는 요양보호사가 되고자 생각하니 가슴이 설렜다.

아이들이 쿠키를 만드는 기술도 처음에는 보잘것없다가 지금은 마음만 먹으면 뚝딱 잘 만들어 낸다. 그들도 수많은 경험을 통하여 가루에 적당량의 물과 달걀 설탕 등을 넣는 방법을 정확히 잘 안다. 각종 재료의 비율을 맞추니 과자 맛도 모양도 점점 좋아진다. 부드럽고, 바삭하여 마트에서 과자 사 먹을 필요가 없을 정도로 잘 만든다. 뭐든지 처음이 어렵지 일단 생각하고 행동하면 두려움을 이겨낼 수 있다. 해보지 않았기에 잘 안된다고 걱정하게 되고 해보면 생각했던 것보다 어렵지 않음을 깨닫는다. 작은 일 한 가지를 하고 성취감을 느끼게 되면 그 후로는 더 큰 일에 도전하는 용기를 얻는다. 힘들고 어려울 때마다 우리는 기존의 편안한 환경에서보다 성장하고 발전한다. 우리는 모든 면에서 처음에 서투를 수 있지만 아무것도 하지 않고 그대로 멈춰있기만 하면 젬병에 그치지만 무엇이라도 시도하고 반복하면 젬병에서 벗어나 초보로부터 전문가에 이른다.

어떤 전문가든 그들의 처음은 누구나 알아주지 않는다. 사람들은 과정을 보는 것이 아니라 그 결과만 본다. 우리도 이런 편견 속에 살면서 어떤 새로운 일에 도전하기를 꺼린다. 도전하고 제대로 끝까지

가는 사람이 적다. 편안한 대로 원래의 모습대로 돌아가고자 하는 것이다. 독서나 글쓰기도 마찬가지다. 처음부터 독서를 잘하는 사람은 없고 글쓰기도 처음부터 사람에게 감동을 주는 책을 써낼 수 없다. 그럼에도 내가 쓰는 글은 쓰레기가 될가봐 제대로 글을 쓰지 못한다. 글을 쓰거나 책을 쓰면 우리 내면을 더 성장시킬 수 있다고 얘기해도 감히 글쓰기에 도전하지 못한다. '긴 글은 아무나 쓰나, 책은 아무나 쓰나?' 스스로 한계를 짓는 것이다. 나도 인생 첫 책을 쓸 때 많은 주변 사람이 그렇게 얘기했다. 처음 책을 쓰고자 했을 때 "너 같은 사람이 책을 쓴다고? 성공하지도 못한 네가?" 꼭 성공한 사람만 책을 쓰란 법이 없다. 물론 성공한 사람이 자신의 성공한 경험을 책으로 나눠줘서 수많은 사람에게 도움이 될 수 있지만 우리 매 한 사람의 삶은 소중하다. 각자가 자기의 위치에서 나오는 수많은 삶의 경험들은 다 똑같지 않다. 나의 경험이 어떤 누구에게는 별 볼 일 없는 경험일 수도 있지만 어떤 사람에게는 돌파구가 될 수 있다. 그 사람에게 도움이 되고 동기부여가 되어서 그 사람이 앞으로 나갈 힘을 얻을 수 있는 것이다.

  책 쓰기도 마찬가지다. 지금은 성공하지 않아도 평범한 사람들이 책을 쓰는 시대다. 수많은 작가도 그들의 처음은 평범했다. 책 쓰기를 지속해서 하고 매일 글을 쓰기 때문에 그들의 책도 점점 진보되어 가는 것이다. 우리가 긴 글쓰기를 할 일이 별로 없다. 학교 다니면서 몇 번의 습작을 하지만 학교 졸업하고는 습작할 기회도 없다. 긴 글을 자주 써보지 않으니 긴 글쓰기가 두렵다. 어떻게 자기 생각을 풀어갈지가 두렵다. 인생 첫 책을 쓸 때 당시 나는 일기 한번 써보지 못하였다. 책도 읽는다고 할 수 없었다. 그저 코치의 한마디 말에 책 쓰기에 도전한 것이다. "한글을 알고 카톡을 주고받을 수 있으면 책을 쓸 수 있다." 나는 한글을 쓸 수 있고 카톡으로 문자 주고받을 수는 있었다. 그 한마디에 인생을 바꿔준다는 책 쓰기에 도전하고 아무것도 할 수 없는 내가 남의 글부터 베껴 쓰기 시작하였다. 처음부터 책 5~6권을 A4 2장 이상의 필사를 하였다. 비록 짧은 문단이지만 매일 필사하는 분량이 많기에 필사하는 동안 몸이 알아서 책 쓰기 체질에 적응해 나갔다. 처음 내 글 한 꼭지 쓰기가 힘이 들었다. 아무리 필사해도 첫 한 꼭지 쓰기가 어려웠다. 첫 꼭지 글을 다 쓰고 피드백 받으면서 점점 글쓰기에 탄력이 붙었다. 그러면서 몇 권의 책을 필사하면서부터 점점 내 글도 잘 써 내려갔다. 드디어 책 한 권의 모든 분량을 완성하고 원고를 제출하고 계약하였다. 첫 책 출간을 하고 나서 자신을 바라보는 나의 관점이 바뀌기 시작하였다. "나에게 이런 능력이 있다니?" 자신도 자신이 책 한 권을 써내는 힘을 가졌다는 것을 몰랐기에 그 성취감은 말할 수 없이 나의 자존감을 높여주었다. 자신의 한계를 뛰어넘자, 책 쓰기가 두렵지 않다. 그리고 몇 권의 공저를 완성하고 다시 두 번째 개인 저서에 도전하는 것이다. 책 쓰는 과정은 지금도 힘들고 어렵다. 그러나 그 방법을 알고 나니 나 같은 사람도 책을 써냈다. 한계 속에 갇혀서 아무것도 할 수 없었던 나는 인생 첫 책을 완성하고 완전히 그 감옥에서 나왔다. 나도 할 수 있다는 마음이 나를 새롭게 하였다.

'나는 글쓰기 젬병이 아니다.' 오늘도 이 구절을 기억하면서 자신에게 젬병이 아니라고 힘을 보낸다. 젬병일지라도 꾸준히 쓰고 반복하여 쓰면 글을 보다 더 잘 쓸 수 있다. 보통 사람들은 자신의 한계를 정해놓고 그것을 뛰어넘으려고 시도하지 않는다. 더 높은 단계까지 발전할 의무도 책임도 부여하지 않는다. 그러나 사람은 누구나 내면에 거인을 품고 있다. 그 거인을 어떻게 발견하고 드러낼지 잘 모르기에 그저 한계 속에 갇혀 있을 뿐이다. 우리는 보이는 것만을 쫒아서 보지 말아야 한다. 우리의 보고 듣는 것은 우리를 더 계속해 가둔다. 오감으로 보고 듣고 느끼는 것은 현실일 것만 보게 한다. 모든 것은 내면에 본질이 외부로 드러난 것이다. 보이는 것 뒤에 있는 보이지 않는 것을 볼 때 우리는 비로소 한계에서 벗어날 수 있다. 책 쓰기가 보이지 않는 자신의 힘을 성장시켜 주고 드러낸다. 오로지 원하는 것이 책 쓰기이기에 집중하고 시간을 들여 노력하고 책이 출간될 수 있음을 확신하면 책이라는 결과물이 출간될 수 있다. 책을 보면서 한 구절이 마음에 들어 카드뉴스로 저장해 놓은 것이 있다. "욕망이란 내 안에 있는 힘의 표현이기 때문입니다" 책 쓰기를 원하기에 나는 이미 책 쓰기를 완성할 힘을 가졌다. 마치 한 알의 도토리가 큰 참나무로 커질 힘을 갖고 있듯이 개인 저서를 쓰고 싶은 간절한 욕망은 그것을 이루고자 하는 힘이 있다. 때문에 "나는 책 쓰기 젬병이야."하고 한계 짓지 말고 책 쓰기에 한 번 도전해 보기 바란다.

말하듯이 누구나 글을 쓸 수 있다

어느 날 오후 둘째 아이의 학교 설명회에 갔다. 교장선생님의 연설을 듣고 있는데 참 말씀을 잘하신다고 느꼈다. 학교 설명회에서 교장선생님이 경북대학교 총장이었던 박찬석 교수의 이야기를 잠깐 하셨다. 가난한 시골 동네에서 그의 아버지는 아들이 공부해야 출세할 수 있다고 어린 아들을 대구로 유학 보내고 아들이 기숙사 생활을 하게 되었다. 그는 중학교 때 전 학교 68명 중 68등이었다. 시험 망치고 방학 때 집으로 돌아올 때 그는 꼴찌라는 죄책감에 성적표를 고쳤다. 아버지는 그 모든 것을 아시고 집안의 밑천인 돼지를 잡아 '아들이 1등을 했다'라고 마을에서 잔치하셨단다. 아버지의 믿음과 사랑으로 그는 지금의 자리까지 올라올 수 있었다는 이야기를 들려주었다. 선생님은 그 이야기를 들은 후 몇몇 학부모들께 마이크를 넘겨 소감을 얘기해 보라고 했다. 2명 거쳐 3번째분이 얘기하였다. 앞에 두 명은 마이크를 받자마자 거절하였다. 그런 모습을 보니 나도 그런 생각이 들었다.

보통 사람은 대중 앞에서 발표나 얘기를 잘 못한다. '말 못 해서'라는 말을 달고 산다. 그러나 그들은 말 못 하는 것이 아니라 잘하지 못할 뿐이다. 일상적인 말, 그리고 자신이 하는 일에 관한 말, 관심이 있는 말은 잘한다. 그러면서도 말 못 한다고 한다. 갑자기 어떤 주제에 대한 준비가 없고 단지 우리가 어떤 주제에 대하여 말하는 연습을 하지 않기에 용기가 없을 뿐이다. 나도 대중 앞에서 말을 잘하지 못한다. 그러나 어느 순간부터 나는 한 가지 사실을 깨달았다. 내가 교회 다니면서 성경을 읽고 아이들한테 하는 잔소리는 말이 아닌가? 책을 읽을 수 있지 않는가? 친구와 동료와 말하면서 잘 지내지 않는가? 그때부터 나는 '말하지 못한다.'라고 말하지 않는다. 비록 발음이 정확하지 않고 말하는 훈련이 되지 않기에 말을 잘 못하는 것이라는 깨달음으로 인해 교회 갈 때마다. 사람들을 만날 때마다 큰소리로 인사를 한다. 교회 가서 예배드릴 때도 일부러 큰소리로 또박또박 《성경》을 읽고 찬송가도 입 크게 벌리며 부르는 연습을 한다. 언젠가 강연해 보고 싶은 마음의 작은 불씨를 안고 있어서 자신의 말하는 법을 훈련할 필요가 있다. 말에 관한 많은 책이 시중에 있어서 관심만 가진 다면 우리는 얼마든지 화법에 관한 책을 읽고 자신의 말투를 바꿀 수 있다.

　말하듯이 누구나 글을 쓸 수 있다. 누구나 처음부터 글쓰기를 잘하고 하루아침에 사람들을 감동을 줄 만한 글재주를 타고 난 사람은 아무도 없다. 작가들은 글쓰기가 자기 삶의 전부가 되었기에 글을 쓰는 것이다. 매일 한 꼭지 글이라도 쓰는 것이 작가다. 책 한 문단이라도 읽으면 그로 인하여 감동한 글을 쓸 수 있다. 우리의 몸은 쓰면 쓸수록 더 글 쓰는 체질로 되어간다. 몸이 글 쓰는 상태에 진입하면 글은 자연히 써진다. 인생 첫 책을 쓰고나서 세상을 바라보는 눈이 많이 달라졌다. 삶의 바라보는 모든 순간을 글감으로 생각하게 되고 한 단어라도 나의 마음에 와닿으면 그것을 쓰기로 했다. 작가로서 작가에 어울리도록 삶의 순간을 기록하고 싶은 간절한 욕구가 일어난다. 삶의 모든 순간이 빠르게 지나가지만, 남겨놓은 기록은 자신이 이 세상 이별하는 시점에 수많은 일을 하였음을 알려준다. 그때 가서 자신의 기록을 둘러보면 후회보다는 이번 생을 잘 살았다는 자부심이 들 수 있다. 말로 잘 표현하지 못하기에 쓰는 방법으로 자신을 드러내기로 했다. 글을 쓰기에 실제로 삶에서 많은 유익을 얻는다고 하는 작가도 있다. '글을 쓰는 사람이 말하는 사람보다 글을 더 잘 쓸 수 있다.'라는 말을 리더 작가가 줌 모임에서 했다. 다른 작가들은 말을 참 잘한다고 여기면서 자신이 말로 잘 표현하지 못하는 것에 조금은 마음이 가라앉을 때도 있었지만 리더 작가의 말을 듣고 나서 나는 글을 쓰는 사람이기에 말을 잘 못하더라도 앞으로 말하는 방법을 조금 더 연습하면 말을 잘할 수 있겠다는 생각을 가진다. 말을 하듯이 글을 쓰는 것도 처음에 어렵지 점점 연습하면 쉬울 것 같다.

　아이들은 어릴 때 말부터 배운다. 어느 정도 성장하여 말을 배운 후 글쓰기를 배운다. 한글에서 자음, 모음부터 시작하여 자기 이름 쓰는 법을 배운다. 처음에 아이가 자기 이름을 자기 손으로 쓸 때 아이가 얼마나 자랑스럽던지 지금도 기억에 남는다. 둘째 아이는 큰아이와 연년생으로 모든 면에서 언니와 비슷하게 잘하였다. 14개월 차이임에도 불구하고 언니보다 늘 더 잘하려고 노력했다. 그래서 둘째는 말하는 것도 언니와 비슷하게 비교적 빨리 말하였다. 둘째가 3살 되니 언니와 사이좋게 잘 논다. 서로 말하면서 자연스럽게 친구처럼 잘 소통한다. 아이들의 성장 시기를 되돌려 생각하니 말은 참 쉽게 배운다. 말 못 한다고 걱정하지 않고 그저 주변에서 들은 대로 아이들은 흉내를 내면서 말을 배워갔다. 주변 사람들이 하는 말을 알아듣고 반응하고 그대로 따라 하는 방법이 간단하면서 성장시킨다. 말을 잘하겠다고 애쓰지 않아도 스스로 말을 잘하게 되었다. 그저 자연스럽게 말하는 법을 배우고 반복하고 쉽게 말을 배웠다.

요양원에 근무하면서 나는 자연히 죽음에 대해 많은 생각을 하게 되었다. 그리고 죽음을 받아들이는 데 관한 책들도 찾아서 읽고 죽음 이후에 세상에 관해서도 많은 책을 찾아보고 관심을 가졌다. 나는 이 세상이 우리가 죽는 것만으로 끝나지 않았으면 좋겠다. 죽기 직전에 우리가 인생을 잘 못살았다고 후회한다면 다음 생애가 있다면 한번 제대로 살아보고 싶은 욕구가 있다. 나는 죽을 때 후회하고 싶지 않다. 최대한 하고 싶은 것을 지금 하고 싶다. 책 쓰기도 그렇게 도전한 것이다. '호랑이는 죽어서 가죽 남기는데 사람으로 태어나 죽기 전에 책 한 권 써보고 싶은 막연한 생각', 그 생각에 불을 지펴서 마침내 그것을 이루어 냈다. 죽기 전에 책 한 권 쓰고자 한다면 절대 쓸 수 없다. 이제 나이 40대 중반으로 우리나라의 평균 나이가 83살 정도, 아직도 몇십 년을 책 쓰지 못하고 그저 막연한 생각만 하면서 후회의 날들을 살고 결국 죽기 전에 책 한 권 써보지 못하고 죽게 될 것이다. 나는 그런 날을 보내기 싫어서 인생 첫 책 쓰기에 도전했다. 책의 출간은 나의 막연했던 생각이 현실이 된 것이다. 나는 인생 첫 책을 쓰면서 막연했던 아주 작은 생각도 그 자체를 이룰 힘이 있음을 알게 되었다. 한 알의 도토리가 커다란 참나무가 되고 생각의 작은 씨앗 하나가 그것을 이루어 내는 큰 계획을 세우고 있다는 것을 체험했다. 그로 인하여 삶의 생각을 크게 하고 원하는 책 쓰기에 계속 도전하여 나중에 죽기 전에 몇 권의 책을 남겨놓으면 절대로 후회되지 않을 것이다.

　말하듯이 누구나 글 쓸 수 있다. 책 쓰기를 하면서 자신을 어제의 '나'보다 더 멋지게 만들어 갈 수 있다. 책 쓰기를 수많은 사람이 동경하지만, 대다수 사람이 해내지 못하는 이유는 어렵다고 용기를 내서 시도하지 않기 때문이다. 환경이 열악해서, 상황이 안돼서, 생계가 어려워서, 등 글을 쓰고 싶다는 마음이 다른 것들로부터 밀려났기 때문이다. 그러나 나는 인생 첫 책을 써봤기에 용기를 내어 글쓰기에 도전해 보라고 권하고 싶다. 말하듯이 책을 쓰는 것은 갓난아기가 갓 태어나서 말도 못 하고 걷지도 못하고 아무것도 잘 못하지만, 아기들은 엄청난 속도로 주변의 말과 행동을 배워 내고 점점 부모와 소통하는 것과 같다. 아기들에게 처음에 아기의 이름을 가르쳐 줄 때 우리는 배 속에 아기에게도 먼저 엄마와 아빠임을 가르쳐주고 그 아기의 이름을 수백 번, 수천 번 수만 번 불렀을 때 아기는 자기 이름이 누구인지를 알아가면서 자신의 정체성을 키워간다. '할 수 있다'라는 자신감을 가지고 책 쓰기 기술을 반복하는 일밖에 없다. 수백 번, 수천 번의 반복을 통하여 글을 쓰고 책을 쓴다. 책 쓰기는 기술이기에 반복하면 자기 기술이 되어 누구나 책을 쓸 수 있다.

극한 직업일수록 글을 써야 한다

우리의 직업은 천태만상이다. 어떤 직업도 빈부귀천이 없다. 다 일의 소중함을 가지고 있다. 일을 하므로 우리는 자신의 살아 있음을 느낄 수 있다. 하는 일이 있지만 그중에도 극한의 직업이 있다. 요양보호사 직업은 육체상, 정신상 몸과 마음의 극한에 달한다고 생각된다. 적은 인원으로 여러 어르신 케어와 또 사람과의 부대낌에서 정신적 스트레스를 많이 받는다. 극한 직업이라고 하는 것은 환경상 극한이거나 정신상 많은 스트레스를 받는 직업도 극한 직업이다.

내가 전에 다니던 요양원은 더 극한에 가깝다. 법인 요양원에 비해 사설 요양원은 두세 사람의 일을 한 사람이 해결해야 하고 감정적으로도 2~3배 더 스트레스를 받아야 한다. 치매 어르신들의 케어는 쉽지 않다. 그들은 때로는 멀쩡한 사람 같기도 하고 때로는 아픈 사람 같기도 하여 정서적으로 늘 불안한 상태에 있다. 어떤 날은 자신의 몫인 간식도 나눠줄 때가 있기도 하고 어떤 때는 무의식 속 어른의 지혜가 나올 수도 있고 어떨 때는 폭력에 갖가지 욕설도 나온다. 처음 요양보호사 일을 할 때 어르신들의 치매를 이해하지 못하였다. 왜 그들이 수시로 엉뚱한 소리를 하는지? 또 사람을 의심하는지? 도저히 이해할 수 없었다. 노인 자체를 이해하지 못하였기에 책에서 이론으로 치매와 노화에 대하여 배우기는 배웠지만 그 정도로 이해가 안 될 줄을 몰랐다. 한 어르신 보호자가 면회를 와서 엄마에게 4만 원의 용돈을 드렸다. 처음 그 어르신은 용돈 2만 원을 원장께 드려서 동료 어르신들과 함께 맛있는 치킨을 먹도록 사주라고 하였다. 원장은 더 보태어 치킨 사드리고 여러 어르신이 맛있게 잘 먹었다. 그리고 며칠 후 그 어르신은 자기 돈이 없어졌다고 오가는 모든 사람에게 돈이 어디 있냐고 물어보고 드디어 원장께도 돈 내놓으라고 한다. 달래면 금방 이유를 알다가도 뒤돌아서면 또 돈 내놓으라 한다. 마침내는 '도둑년'이라는 소리를 듣는다. 그러려니 할 때가 많지만 자신의 감정이 어떤 다른 이유로 기쁘지를 못할 때는 그 소리가 참으로 싫다. 또 어떤 할머니는 평소는 아주 순하다가 두어 달에 한두 번씩은 아주 난폭해진다. 기저귀 돌볼 때면 먼저 어르신 동의를 얻고자 "어르신, 기저귀 갈아드릴게요." 하고 말을 여쭌다. 그때까지는 조용히 계시다가 손이 기저귀에 가면 그때는 갑자기 난폭해지면서 "왜 자기 바지를 벗기냐?"고 반발심이 심하다. 그때 생기는 힘은 엄청나게 세다. 우리 일반 사람으로는 그 힘을 감당하기 힘들다. 그렇게 돌보다가 갑자기 팔 전체가 다 꼬집히고 뜯기고 케어를 중단할 만하면 빨리 덮고 일단은 안전상 거리를 유지해야 한다. 그런데 기저귀 가는 도중에 중단한다고 해도 기저귀를 덮어야 하기에 기저귀를 갈아도 덮어도 다 때린다. 케어 후 뒤돌아보면 온 팔이 멍이 든다.

또 한 어르신은 인지가 조금 있다. 그는 걸음걸이가 불안하지만, 자신의 의도한 대로 움직인다. 침대 난간을 내릴 때부터 우리는 온갖 신경을 다 그에게 집중한다. 조금이라도 시선을 떼면 낙상사고로 일어날 수 있는 위험인물 1호이다. 그는 아직도 '내 다리가 힘이 있어서 낙상이 일어나지 않는다'라고 자신에 대해 맹목적인 자신감을 가진다. 그러나 본인의 마음 같지 않은 행동이 우리가 보기에도 불안하다. 그래도 아직 자신이 인지가 있기에 기저귀를 하지 않고 화장실 다닌다. 한 사람한테 특별히 신경을 써서 퇴근할 때가 되면 요양보호사들은 녹초가 된다. 걸어 다니는 한 사람이 누워있는 세 사람의 몫을 감당한다. 어버이날 가까이 오면서 보호자들이 외출을 신청하고 어르신하고 외출하러 갔다. 점심 한 끼라도 외출해서 우리는 안도의 한숨을 쉰다. 그 어르신이 외출한 사이 요양보호사들은 시간상으로 여유를 가지고 심적으로도 여유를 가진다. 어르신들이 낙상사고에 협조해 주지 않고 식사와 약을 먹는데 협조해 주지 않을 때, 또는 케어 시마다 폭행하는 어르신 덕분에 온갖 스트레스를 받는다. 그들이 본의가 아니어도 당할 때는 아프다. 한 요양보호사는 어르신 케어 하다가 갈비뼈를 발에 채워 지금 갈비뼈가 3곳이나 금이 갔다고 한다. 아파서 일을 할 수 없어서 지금 휴직 중이다. 이러는 현실들은 우리 요양보호사의 자존감을 떨어지게 만든다. 노인 인권을 중시하지만, 요양보호사의 인권은 아무도 얘기하지 않는 현실에서 떨어지는 자존감 그대로 가만히 놔두면 마음에 병이 생겨난다.

왜 공장에 가지 않고 굳이 요양보호사 일을 했는지 후회가 들 때도 있다. 또 어떤 때는 협력하는 요양보호사들끼리나 아니면 기타 직원 간에 협조가 잘 안될 때도 있다. 전날의 문제도 서로 오해가 생기고 일을 바라보는 관점도 서로 다르다. 사람이 있는 곳에 마찰이 있기 마련이다. 서로의 마찰을 잘 헤아려 나가고 서로를 배려한다면 직장 생활은 좀 더 여유로울 수 있으나 서로를 배려하지 못하고 다른 사람의 흠집을 보게 되면 그때부터는 직장 생활이 재미없다. 어르신들 앞에서 싸울 수 없기에 뒤에 가서 더 모순이 커질 수도 있다. 특히 야간 근무할 때 몇 사람이 함께 근무하는 곳은 그나마 조금 낫지만 혼자 야간 근무하면서 10여 명의 케어는 아침 시간에 발바닥에 불이 날

지경이다. 어르신 아침 식사를 챙겨줘야 하고 약과, 양치 컵, 앞치마를 준비해야 하고 설거지까지 부담해야 한다. 그 와중에 화장실 도움이 필요한 휠체어를 탄 어르신이 2명 이상 30~40분에 한 번씩 번갈아 화장실 간다면 발바닥에 더 불이 난다. 마침 이·미용 봉사까지 아침에 겹치고 목욕 날이라면 땀을 뻘뻘 흘린다. 땀을 흘리면서 열심히 해도 낙상 사고 한번 난다면 그동안의 수고는 헛되어진다. 아무도 요양보호사의 노고를 알아주지 않는다. 시설에서 요양보호사에 대해 배려하지 않고 어르신들에게 더 많은 편리를 드리고자 더 많은 일을 시키고자 할 때는 섭섭함이 밀려온다.

극한 직업이라는 육체적으로 고도의 스트레스를 받거나 섬세함 또는 기술을 필요한 직업 또는 감정적 에너지 소모가 많은 텔레마케팅도 다 극한 직업이다. 수많은 사람과 부대끼면서 극심한 스트레스를 받을 때 우리는 그 스트레스를 날려줄 만한 방법을 찾아서 자신의 감정을 보호해야 한다. 자신의 감정이 스트레스를 받는데 무방비 상태로 놓여있다면 우리의 몸에 이상 신호가 생긴다. 화가 쌓이고 우울증 증상이 생기면 육체적으로도 많은 아픔이 생긴다. 소화불량이나 위궤양이나 변비나 모든 질병이 다 스트레스에서 온다. 극심한 스트레스를 받고 집에 오면 가족한테 자연스럽게 그 스트레스를 먹음은 독화살이 쏟아진다. 만만한 배우자나 자녀들한테 평소와 같은 행동을 할지라도 그때는 화가 날 정도로 눈에 보이거나 들린다. 감정의 악순환이 이루어진다. 스트레스를 푸는 방법을 익히고 감정조절을 훈련하는 방법을 배워 자신의 감정을 잘 지배하여 스트레스의 감정이 가족에게 전가되지 않도록 주의해야 한다.

　극한 직업인 요양보호사이기에 글을 써야 한다. 자신의 감정을 조절하고 요양보호사 일이 극한 직업이 될지라도 자신을 다스려야 한다. 화나는 감정을 어르신께 쏟아부으면 노인학대가 일어난다. 나는 극심한 스트레스를 글을 쓰는 방법으로 해소한다. 스트레스 많이 받은 날은 퇴근하고 평소보다 몇 배의 분량을 필사한다. 아무 생각 없이 그저 자판을 두드린다. 내용이 맞는지 무엇을 썼는지 아무 신경도 쓰지 않고 그냥 필사하든지 글을 쓰든지 한다. 필사하다 보면 마음이 차분해지면서 책의 내용이 점점 눈에 들어오고 점점 책에 집중할 수 있다. 내심으로 만족할 때까지 필사하다 보면 언제 스트레스를 받았나 하고 마음이 안정적으로 되어간다. 또는 스트레스를 많이 받는 날은 퇴근하자마자 만사 제쳐놓고 잠을 자야 한다. 아무것도 하기 싫고 아무것도 할 수 없다. 자면 내일 새벽이 자연스럽게 나를 깨워주고 새벽 필사로 에너지를 얻고 하루를 즐겁게 시작할 수 있다. 직원들과 어르신들과의 여러 문제점은 감정 일기에 적어 놓는다. 내가 이해하지 못한 문제나 감정을 감정 일기에 그 당시 느끼고 마음에 쌓였던 부정적 감정을 감정 일기에 적다 보면 어느새 자신을 제삼자의 관점에서 바라볼 수 있다. 자신을 제삼자 관찰자의 측면에서 볼 때 자기 잘못이 보이고 나의 잘못이라면 고칠 수 있는 용기가 생긴다. 타인의 잘못이라면 그저 내가 용기를 내어 '내가 하나라도 더 하자'라는 마음으로 내일 일을 할 수 있다.

쓰면 해소되고 정리된다

　현대의 사람들은 고대의 사람보다 훨씬 풍요로움을 누린다. 기술의 발전은 우리에게 많은 편리함을 주기에 우리의 업무 효율은 몇 배나 높아졌다. 그런데도 현대 사람들은 직장 다니면서 많은 스트레스를 받는다. 스트레스 없는 세상의 삶은 없다. 할 것이 너무 많아서 방황하고 흔들린다. 감정을 다스리는데 많은 사람이 취약하고 유리 같아서 조금의 상처도 쉽게 받고 이겨내지 못하고 마음에서 응어리가 되어버린다. 주변에도 청년임에도 불구하고 정신적인 스트레스를 해소하지 못하고 병을 앓고 있기에 군에 가지 못하는 사람도 종종 볼 수 있다. 특히 스마트폰 중독에 걸린 10대 아이들이 더 위험하다. 그들은 현실과 가상 세계를 분별하지 못한다. 사춘기인 애들은 일부러 부모 속을 썩이면서 자신의 인생이 소중한 줄도 모르고 후회할 짓들을 많이 한다. 지인 중에도 걱정거리인 10대의 아들을 가진 사람이 있다. 아주 많은 일들을 저지르고 본인 스스로 사회 불량배 아이들에게 빠지고 이용당하기도 한다. 아이의 순진함을 이용하여 아이에게 자기들의 책임도 덮어씌우고 자기책임도 질 줄 모르고 무엇이 바른 행동이고 바르지 않은 행동인지 잘 모른다. 성격도 점점 모나고 부모의 말도 점점 안 듣고 자신의 세상에만 갇혀서 살아간다. 참으로 안타까운 일이다.

나도 요양보호사 일을 하면서 많은 스트레스를 받았다. 처음에 일이 익숙하지 않을 때는 일에 적응하려고 몸부림치면서 노인들의 관점을 이해할 수 없어서 세대의 차이를 느끼면서 스트레스를 받기도 했다. 그리고 또 업무에 익숙해져서 조금의 편안한 작업환경임에도 불구하고 변하지 않는 노인들의 고집과 아집에 많은 스트레스를 받았다. 요양원에 계시는 노인들은 스스로 삶이 가능하지 못하기에 요양원에 옴에도 불구하고 요양보호사를 자신의 시중드는 하인처럼 생각하는 경우가 많다. 인지가 있는 분들은 자신들이 요양원에 입소할 때 자기 부담이 얼마 정도 있다는 것을 알기에 자신들이 우리를 먹여 살린다고 생각한다. 비록 나라의 장기 요양보험 제도 덕분에 지금의 노인들은 많은 혜택을 받고 있지만 그들은 그저 자신이 부담하는 비용이 있음을 알고 함부로 요양보호사를 대하고 말한다. 또 요양보호사를 자기만을 시중드는 전용 하인처럼 취급하는 어르신들도 있다. 물론 기꺼이 어르신들의 손발이 되어드리지만, 무리한 요구를 제출할 때가 훨씬 많다는 것이다. 우리를 부르는 호칭도 '선생님' 대신에 '아줌마', '이모'라고 부르신다. 그렇게 부를 때는 정말 아줌마가 된 느낌이다. 그 한마디에 종일 의기소침할 필요는 없다. 안 좋은 감정의 말을 들으면 그 말을 듣는 즉시 한쪽 귀로 흘려보내고 자신을 나쁜 감정에 빠뜨리지 말아야 한다.

또 요양보호사들 사이에 감정적으로 육체적으로 일을 하다 보니 큰 요양원이나 요양병원일수록 인간관계가 주는 스트레스가 심하다. 노인들은 모든 기관이 퇴화하여 조금만 잘못하면 기저귀 발진과 욕창 또 낙상사고 등 여러 가지 일들이 생긴다. 요양보호사의 각별한 관심과 사랑이 필요한 분들이다. 자식들도 부모 케어가 되지 않기에 요양원에 보내는 것을 생각하면 노인들은 자식들이 못하는 일을 요양보호사가 대신해 주는 것을 감사해야 하지만 평생 삶에 치여 불쌍하게 늙어간 그들은 현재 호강을 하면서도 많은 불평을 한다. 하루 3끼 영양 균형 맞추어 식사하고 기저귀를 갈아드리고 해도 그들은 종일 뭐가 마음에 안 든다고 불평한다. 더구나 우울증에 걸려 온 젊은 노인들은 더 함부로 요양보호사에게 한다. 새로 이직한 요양원에 한 70대 여자 분이 있는데 처음 간 날 선배들이 탁자 청소를 하라고 해서 탁자 청소를 하다가 그 어르신 탁자가 먼지가 많이 쌓였기에 닦아 드렸다. 사전에 그 어르신 성향도 알려주지 않았고 그 어르신은 자기 물건을 함부로 만지는 것을 좋아하지 않는 것도 몰랐다. 탁자를 청소하는 동안 온갖 불평과 욕설을 퍼붓는다. 누가 봐도 그 어르신은 우울증으로 자기만의 괴로운 세상에 갇혀 사는 것 같다. 초보일 때는 그런 입소자들이 이해되지 않기도 했지만, 지금은 그나마 경력이 있으므로 그런 사람을 상대하는 방법도 알고 있다. 작은 일 한 가지 할 때마다 많은 스트레스를 받는다. 사람에게서 행복감을 얻고 사람에게서 스트레스 받는다.

나라에서 장기요양보호 제도를 실행하는 것은 잘하는 것이다. 그로 인해 수많은 노인은 많은 혜택을 본다. 우리 종사자들에게 노인 인권 존중을 강요하고 노인학대를 근절하고자 노력하면서 사랑으로 돌봐주라고 요구한다. 맞는 정책임에도 불구하고 요양보호사의 인권과 권리는 제출하지 않는다. 시설 원장이 요양보호사를 생각해 주고 아껴주고 사랑해 주고 요양보호사의 수고를 인정해 주면 그 요양원에는 노인학대가 줄어들 것이지만 시설에서 요양보호사의 노고를 인정해 주지 않고 요양보호사를 관리직과 분리해 놓고 하대하면 그런 시설에는 학대가 일어나게 되고 어르신들은 학대받게 된다. 요양보호사의 인권 보호는 요양원에서 잘 이루어지지 않는다. 예를 들어 요양보호사가 안경을 쓰는데 어르신 케어 시 안경이 부러지면 시설에서 책임져 주냐, 아니하냐? 요양보호사가 어르신 케어시 어르신께 꼬집히고 맞고 할 때 시설에서 관심 가지고 마음 아파하나 안 하나? 등은 요양원의 질을 높이냐 낮추냐에 관계된다. 우리나라 속담에도 '가는 말이 고와야 오는 말도 곱다'는 말이 있다. 인생 선배인 그들이 우리를 선생님으로 존중해 주고 돌봐주는 것에 대해 감사하면 우리도 어르신들 한마디 작은 마음에 어르신을 더 존중하고 사랑을 베풀 수 있지만 어르신의 막무가내인 행동, 또는 억지와 고집 아집은 서로에게 상처를 준다. 요양보호사인 우리는 직업 정신을 가져야 하고 그 직업 정신 때문에 받아야 하는 스트레스를 풀어줘야 살 수 있다. 스트레스를 받은 것을 해소하지 못하면 속에서부터 썩고 곪아지기 마련이다. 나는 요양보호사 일을 하면서 필사하고 글을 쓰고 책을 쓰는 방법으로 스트레스 해소한다. 사람마다 스트레스 해소법이 다르지만 나에게 맞는 방법을 선택하는 것이다. 다른 사람처럼 사는 것이 아니라 나답게 사는 것이다.

'나답게 살기'는 요즘 사람들의 관심거리다. 주변의 눈치를 보지 않고 자기 내면으로부터의 아름다움을 드러내고 개성을 드러낸다. '나답게'란 자기 삶의 주인 된 삶을 살아가도록 한다. 필사로부터 시작된 글쓰기는 글을 쓸 수 있다는 용기를 주어 나에게 많은 변화를 일으켜 준다. 직장 다니면서 직장 내 일어나는 일들을 모두 사례로 생각하고 내 생각과 관심을 글로 적을 수 있다. 제삼자의 관점에서 다른 요양보호사와 어르신들 사이 일어나는 문제, 또는 요양보호사들 사이 문제를 관찰하면서 나에게는 거울효과로 작용하고 나의 잘못된 생각이 바로 교정될 수 있다. 자신의 부족함을 거울효과로 배워가고 조화로움으로 채워나갈 수 있다. 내가 필사하는 책은 의식을 높이는 책으로써 영혼을 얘기하는 책이다. 그 내용들이 다 맞는지 안 맞는지는 모르겠지만 나는 영혼에 관한 책을 필사할 때마다 가슴이 따뜻해지고 나에게도 그런 능력이 숨겨져 있다는 것에 감사해한다.

요양보호사인 당신도 글을 쓰면서 부정한 감정을 해소할 수 있다. 그 방법으로 좋은 것은 독서하고 글을 쓰는 방법이다. 자기 생각을 편협된 세상에 가두지 말고 열린 마음으로 여러 가능성을 받아들이고 어르신에 대한 존중과 이해하는 마음을 가져서 그들의 마지막 인생 정리를 잘해야 한다. 쓰는 삶으로 일상의 스트레스를 날려 보내고 자신의 마음을 정화할 수 있어서 행복감을 누리기에 글쓰기를 동료 요양보호사에게도 추천해 주고 싶은 방법이다. 쉬는 날 자신을 위하여 시간을 투자하고 독서하고 책 읽고 글쓰기에 도전하여 내 이름으로 된 인생 첫 책 쓰기에 도전해 보기를 바란다. 정리된 마음으로 스트레스를 해소하고 새롭게 힘을 얻어 다음날 근무 중에 안전하게 기쁜 마음으로 어르신들 케어할 수 있다.

홧병도 글쓰기를 통해서 치유되어 간다

'홧병'이란 말은 대한민국에만 있다. 주변의 많은 사람 특히 엄마들이 화병에 많이 걸려있다. 어려운 세월에 자신의 불만이 된 감정을 토해내지 못하고 속으로 삭히다가 홧병이 난다. 엄마들은 산후 우울증으로부터 시작되어 그것이 치유되지 못하고 속에서 계속 썩어가기 때문이다. 고인 물은 썩기 마련이다. 사람의 가슴도 마찬가지로 밖으로 내보내는 것이 없이 쌓이기만 하니 홧병이 날 수밖에 없다. 부정적이고 불만이 되고 아픈 감정들을 어떻게라도 밖으로 표현해야 한다. 글로 쓰든지 일기를 쓰든지 노래를 부르든지 운동을 하여 땀을 많이 내든지, 무엇을 하더라도 케케묵은 감정을 치유하여야 한다. 그래야 나도 살고 가정도 지키고 자녀에게도 부모에게도 사랑을 줄 수 있다. 감정 치유에 좋은 것은 감정을 다룬 심리 방면의 책들이다. 자신의 감정과 다른 사람의 심리와 감정을 안다면 홧병에서 벗어날 수 있다.

고등학교 졸업 후부터 인생의 방황은 계속되었다. 40대까지 꿈을 가지고 살지 못했다. 꿈을 꾸어도 늘 어떤 시험을 치면 답을 못 찾아 쩔쩔맸고 어떤 일을 하면 늘 마무리를 못 지었고 마땅한 어떤 목표가 없어서 항상 방향을 잃었다. 제대로 살고 싶으나 제대로 사는 방법을 알지 못하니 자꾸 속에서는 자신에 대한 화가 났다. 그러다가 도전한 것이 책을 읽고 책을 쓰기 시작한 것이다. 처음 책을 읽을 때 그동안 못 읽었던 책을 다 읽으려고 미친 듯이 책을 읽었다. 난독증이 있었는지 책 읽기가 그리 힘든 것을 처음 알았다. 나에게 보이는 책을 읽으려고 애를 썼고 책을 억지로 꾸역꾸역 읽어 갔다. 독서가 힘들고 어렵고 포기하고 싶었다. 그러나 독서하지 않으면 정말 삶을 바꿀 수 있는 유일한 방법을 포기하는 것 같아서 포기할 수 없었다. 다양한 분야의 책을 잡히는 대로 만나는 대로 읽기 시작했다. 겨우 독서의 임계점을 넘어가니 책 읽기가 쉬워졌다.

홧병은 열린 마음으로 세상을 바라보지 못하고 편협한 생각에 사로잡혀 일어난다. 무엇이라도 나누어 주고 싶으나 나누어 줄 수 없는 것이라고 여기기 때문에 자신이 무능하다고 생각하면서 홧병이 생긴다. 그러나 우리는 돈 외에도 수많은 것을 다른 사람에게 나눠줄 수 있다. 자신의 감정을 아프지 않게 잘 관리하고 다스려서 다른 사람들에게 좋은 기분을 가지도록 해줄 수 있다. 독서가 우리의 마음을 넓게 하고 생각을 확장해 준다. 다른 사람의 삶을 간접으로 경험하면서 나보다 더 어려운 환경에 처하여 이겨낸 성공자의 이야기는 가슴을 뜨겁게 만들어 준다. 나보다 더 열악한 환경에서 '성공'을 이루었기에 이미 이룬 자의 경험과 노하우는 다른 사람에게 힘을 실어준다. 누구나 삶을 살아가면서 자신만의 경험과 체험이 있기 마련이다. 그런 경험을 책으로 써서 다른 사람에게 도움을 줄 수 있다. 나는 틱낫한의 《화》라는 책을 읽으면서 화가 왜 생기는지, 어떻게 화를 다스릴지 배우게 되었다. 삶이 원하는 대로 이루어지지 않고 자존감은 점점 떨어지고 스스로에 대하여, 외부 세상에 대하여 많은 화를 품고 있던 나는 독서를 하면서 점점 화를 다스리기 시작했다. 감정과 치유에 관한 책이나 영혼에 관한 책들은 나를 자신의 한계 속에서 벗어나도록 이끌었고 점점 자신의 정체성을 알아가니 자신에 대해 관망하는 태도를 보일 수 있다. 감정을 다스리니 화도 덜 난다. 독서로부터 선순환의 삶이 이루어진다.

    갑자기 많은 인풋으로 머리는 부하가 걸릴 때도 있었다. 정보에 대한 혼란이 더 혼란을 키웠다. 삶을 변화시킬 준비가 안 되니 자기 삶에 대하여 불만족해하고 있었고 삶을 포기할지 하는 생각도 많이 했었다. 남들은 한 번밖에 없는 인생 행복하게 잘 살아야 한다고 한다. 그러나 나는 행복을 몰랐다. 당시의 삶에서 떠나고 싶었고 숨고 싶었다. 그렇다고 해서 계속 도망가서 될 것은 없었다. 죽고 싶으나 죽을 용기가 없었다. 결국 죽지 못할 바엔 살아남는 것이다. 어떻게 살아날까? 내면 깊은 곳에서 행복하기를 갈구했기에 《행복하다고 외쳐라》를 필사하면서 행복이 무엇인지 알아가게 되었다. 필사의 효과에 꽂혀서 많은 책을 필사하면서 내 글도 쓰고 싶었다. 인생 첫 책을 쓰면서 점점 자신의 그 당시 안 좋았던 감정들을 드러내고 풀어내기 시작하였다. 첫 책은 참으로 나의 감정을 많이 어루만져 줬다. 첫 책의 출간은 나에게 꿈과 목표를 주었고 자신도 몰랐던 책 쓰기에 소질이 있었음을 알게 되었고 앞으로 인생을 살아감에 있어서 계속 자신의 삶을 기록하고 싶었다. 작가가 되고 나서 나는 제대로 꿈을 꾸면서 이루어 가는 방법을 알아갔다. 책 한 권에 나의 감정을 다 담아내기는 부족하다. 그러나 책을 쓰므로 인하여 나는 세상을 나의 눈으로 아니라 작가의 눈으로 세상을 바라보기 시작했다. 무엇이든지 기록하고자 하니 담벼락 밑의 작은 풀꽃도 눈에 보이고 혼란한 내면이 점점 선명하게 보이기 시작하였다. 내면이 점점 선명해지니 외부로 드러나는 것들도 점점 선명해지는 것이었다. 자기 삶이 점점 나아지는 방향으로 가고 있음을 깨닫고 새로운 힘을 얻는다.

독서하고 필사하고 내 글을 쓰면서 가슴속에 맺힌 응어리들이 풀렸다. 처음에 응어리를 풀려고 할 때 여러 문제가 한데 얽히고설켜서 더 혼란스러웠다. 차분히 마음을 가라앉히고 매듭을 하나씩 풀다 보면 엉클어져 있던 실타래도 점점 쉽게 풀린다. 자신의 마음에 매듭을 풀기 위해 노력하여야 매듭도 풀어진다. 종교를 믿는다고 기도만 하면서 매듭을 풀어달라고 한다면 맺힌 매듭은 절대로 풀리지 않을 것이다. 실제 매듭을 푸는 행위를 할 때 매듭을 풀 수 있는 것이다. 행동하는 것이 화를 덜 나게 할 수 있다. 요양원에 많은 어르신은 우울한 증상을 가지고 있다. 그들은 성격이 아주 예민하여 기저귀 케어 시 가르는 파티션이 자신의 침상과 부딪히기라도 하면 엄청 화를 낸다. 또 자신은 햇볕이 싫은데 다른 어르신들이 햇빛을 봐야 한다고 커튼 올린다고 싫어하는 사람도 있고 한 침실에 3~4명 함께 있는데 그중에 인지가 있는 분은 자기 마음에 안 드는 한가지라도 있으면 계속 화를 내면서 벌어지는 일들에 민감하게 반응한다. 자신의 고집과 아집으로 인정하기 싫지만, 몸의 노화를 인정해야 하니 스스로에 화가 날 수밖에 없다. 보호자의 면회도 기간이 길어지면 자신들을 요양원에 버렸다는 절망감에 시달려 화를 내기도 한다. 이런저런 어르신들의 상태를 더 잘 파악하기 위하여 〈노인심리상담사 1급〉, 〈분노 조절 상담사〉 자격증 공부를 하고 자격증을 땄기에 어르신들의 화나는 마음도 이해할 수 있다.

 홧병도 글쓰기를 통해서 치유된다. 요양보호사가 먼저 자신의 감정을 다스려서 일을 함에 있어서 화가 생기지 않도록 해야 한다. 홧병을 제거하는 방법으로 먼저 자신을 더 높은 단계로 끌어 올려 자질을 높여야 한다. 어르신들을 먼저 이해하고 돌보기 위해 지금도 나는 인터넷에 수많은 노인을 위한 강의가 있는 것을 알고 한 달에 하나씩 자격증 공부를 한다. 아는 것이 힘이 되고 도전하는 것이 우리에게 긍정적인 마음을 가져다준다. 항상 배우겠다는 마음의 자세를 가지고 어르신들에게 더 편안한 돌봄을 드리기 위해 시작하는 공부는 나의 가슴을 더 뜨겁게 그들을 사랑할 수 있도록 사랑의 마음으로 채워나간다. 끊임없이 자신을 성장하도록 끌어 올리고 노력하는 마음가짐을 통하여 나의 내면은 점점 더 단단해진다. 아무런 발전도 하지 않고 현실에 맞춰 사는 대로만 산다면 어르신들의 화내는 것도 온몸으로 다 받아들여야 한다. 그러다 보면 자신의 감정도 너덜너덜해지고 요양보호사 일을 잘해 나갈 수 없다. 우리의 몸과 마음을 먼저 돌보고 우리에게 화가 쌓이지 않도록 마음의 크기를 키워나가야 하며 쉽게 상처받는 유리 같은 정신력에서 강한 정신력으로 바꾸는 데는 독서만 한 좋은 것이 없다. 필사하는 독서는 인풋과 아웃풋의 결합으로 감정이 속에서 썩지 않도록 흘려보내기에 요양보호사들에게 적극 권하고 싶은 자기감정 조절하는 좋은 한 가지 방법이다. 요양보호사가 육체적 건강과 정신적 건강을 잘 돌봐야 어르신들도 잘 돌볼 수 있는 것이다.

지면에 토해내는 글이 나를 살린다

어릴 때부터 늘 혼자였던 나는 말하는 것을 별로 좋아하지 않는다. 또 별 생각 없이 하는 말은 결국 다른 사람이나 나에게 상처가 된다는 사실을 알고 나서부터는 입을 다물고 말을 아낀다. 차라리 속에서 삭히고 말겠다고 다짐한다. 그러나 속에 삭혀서 많은 일들이 해결된다면 괜찮겠지만 속에 삭힌 것이 아니라 속에 쌓여서 언젠가 섭섭함과 생채기들이 폭발해 나온다. 결국 속에 삭히기만 하는 것이 현명한 방법이 아니고 나 자신을 병들게 하는 것이라는 사실을 알게 되었다. 일기 한번 안 쓰던 나는 감정을 일기에 적을 줄 몰랐기에 미련한 방법으로 자신을 유리 같은 정신력의 소유자로 만들었다. 작은 것 하나에도 민감하게 반응하고 어떤 문제나 불평거리가 생겨도 '왜 나에게

만 생기냐고' 불평했고, 자신을 원망하고 비하했다. 이런 나 자신도 돌보기 힘들어서 마음에 여유가 없었는데 아이들한테는 얼마나 더 아프게 했을까? 라는 생각을 하면 가슴이 아파진다. 지금은 마음에 안 좋은 감정을 삭이지 않고 쌓이지 않게 일기로 써버린다. 일기장에 마음대로 쓰고 토해내고 한다. 아직도 말을 아끼는 대신 감정을 드러내고 노트에 표현한다.

　사람들이 가만히 있으면 부정적인 생각에 놓이게 된다. 그 때문에 누구라도 부정적인 생각들이 맞부딪치면 서로의 생각과 뜻이 다르게 반영될 수 있다. 다름을 인정하지 않고 자기 생각은 맞고 남의 생각은 그르다고 생각하는 것으로 자신도 모르게 주변 사람들에게 상처받는다. 이전 같으면 주변에서 오는 온갖 쓰레기들로 상처를 받았겠지만, 지금은 아니다. 나에게 별 도움이 되지 않는 말들은 무시하고 받아들이기를 거부할 줄도 안다. 나에게 일어나는 많은 일들을 무개념으로 다 받아들이면 자신도 모르게 생채기만 남는다는 것을 너무 잘 알고 있기에 내 감정을 스스로 치유하도록 노력한다. 그 방법으로 글을 쓰는 것이다. 자꾸 쓰다 보면 감정들이 중화되어 나에게 오고 나에게서 나가는 말보다 지면에, 핸드폰에, 컴퓨터 속에 저장되어 있다. 그래서 다른 사람에게도 덜 상처를 주고 내 감정도 치유된다. 책 쓰기의 좋은 점을 꼽으라면 나는 내 감정을 치유하고 절제할 수 있다는 점을 강조한다. 스스로 감정을 조절하고 통제하게 되니 삶이 바뀌어 가는 것이다. 삶의 우선순위를 몰라서 우왕좌왕할 때도 지면에 당시 일어나는 일들과 환경 등을 있는 그대로 적는다. 이렇게 적다 보면 당시 입장에서 아주 심각하게 느껴졌던 많은 일들이 시간이 지나서 되돌아보면 별로 심각하지 않은 문제이고 대수롭지 않게 지내 보낼 수 있는 문제인 것을 발견하게 된다.

  결혼하고 처음 몇 년은 행복했다. 그러나 육아나 삶에서의 문제들이 점점 사람을 지치고 나태하게 만들었고 부부는 서로 권태기를 느꼈다. 항상 부부 싸움에서 작은 문제로 서로에게 상처를 주면서 큰 문제로 발전되어 갔다. 결국 제일 가까운 서로에게 큰 상처를 남긴다. 돌아서서 '좀 더 잘해줄걸, 좀 더 이해할걸.' 하면서 후회하지만, 또 욱하는 성질에 싸움이 자주 일어난다. 자신의 감정을 절제하는 법을 배우기 위해서 감정에 관한 많은 책을 읽었다. 처음에는 책을 읽는 것이 읽기 위해 읽지만, 인생 첫 책을 쓰고나서는 책을 쓰기 위해 책을 읽는다. 책을 읽으면서 자신의 마음을 넓혀주고 생각의 크기를 키워주며 글을 쓰면서 마음을 안정시키고 고요하게 만들어 갔다. 모든 것을 배우자 탓으로 여기고 불행하게 생각했던 결혼 생활이 내가 바뀜으로 행복해지기 시작했다. 책을 쓰면서 나로서는 현실에 집중하기보다 내가 그리고 소망하는 일에 시선을 집중했고 모든 면에서 남편에게만 의지했던 것에서부터 해방되어 나 자신에 의지하고 힘을 주면서 남편을 바라보는 시선도 달라지고 닦달하지도 않게 되었다. 행복한 결혼 생활을 원했고 자신이 원하는 것을 잘 알기에 남편을 변화시키기 전 나를 먼저 변화시켰다. 나를 변화시키니 남편도 같이 변한 것 같았고 남편과의 관계도 점점 편해졌다. 지금 결혼 17년이 되어 다시 신혼한 것 같고 남편의 소중함을 알게 되었다. 책을 읽으면서 내 생각을 한 단계 높은 단계로 끌어 올리고 현실에만 제한되어 여유 없던 삶에서 더 넓은 시선으로 삶을 바라보게 되니 삶에 여유가 생긴다.

아이들과의 관계도 전에는 나의 부모가 나에게 하던 대로 '공부하라.'고만 잔소리했다. 그때는 아이들이 말을 잘 안 들었다. 책 한 권 읽지 않던 부모가 나에게 '책 읽어라.'라고 잔소리할 때 나는 아예 책을 읽지 않고 책과 담을 쌓았다. 책을 읽고 쓰면서 아이들보다 내가 먼저 책을 읽고 뭐든지 공부하는 모습을 수시로 보여주었다. 아이들도 나의 어릴 때와 마찬가지다. 잔소리만 할 때는 공부에 대해 별로 관심도 가지지 않았다. 그때는 왜 나의 아이들만 내 말을 듣지 않고 속을 썩이는가 싶었다. 그러나 아이들도 내가 변함으로 인하여 변하여 갔다. 날마다 필사하고 책 쓰는 것을 보면서 아이들도 엄마가 뭔가를 이루어 내는 과정을 보면서 자기주도 학습 능력이 생겼다. 부모는 항상 아이들에게 거울의 역할을 한다. 자신이 잘 못하면서 타인에게는 더 잘하고 완벽하게 해내기를 바라는 것은 욕심에 불과하다. 자신을 더 완벽함으로 이끌어가게 되면 주변 것은 저절로 찾아온다. 완벽하지 못하지만, 내면의 완전함을 추구하기 위하여 날마다 노력하는 삶이 값지고 의미 있다.

  나를 살려내고 이전의 나와 다르게 성장시킨 것은 매일 새벽의 필사와 글쓰기이다. 때로는 남의 글을, 때로는 나의 글을 쓰는 삶이 다른 사람 보기에 별 의미 없지만 나에게는 확실하게 삶을 바꿔주는 힘으로 되었다. 글쓰기는 나에게 활력을 주고 반짝반짝 빛나도록 나를 이끌어간다. 멋진 미래는 멋진 지금을 사는데서 비롯하여 얻어진다. 지금을 현실에 잡혀 하찮게 여기면서 시간 낭비하면 멋진 미래는 꿈도 꿀 수 없다. 상상 속의 멋진 미래는 내가 오늘을 잘 살아가고 후회 없는 삶을 살아갈 때 생긴다. 나는 요양원에 다니면서 주어진 요양원 일에 최선을 다한다. 어르신 한분 한분을 내 부모처럼 생각하고 가까이 있지 않은 부모에게 잘할 수 없는 미안한 마음을 요양원 어르신들에게 쏟아붓는다. 애틋하고 불쌍히 여기는 마음을 전달하고 싶은 것이 내 마음이다. 내가 한 번 더 움직이면 어르신의 낙상사고를 예방할 수 있고 위험을 먼저 알아차릴 수 있다. 주변 사람들이 너무 어린애 다루듯이 하지 말고 웬만하면 어르신이 스스로 하도록 하라고 한다. 물론 옆에서 지켜보기는 하지만 내가 주동적으로 어르신께 관심을 가지는 것보다는 더 빨리 낙상에 대처하지 못한다. 덩치가 큰 남자 어르신에게 내가 주체가 되어 미리 대비하는 것이 옆에서 보기만 하다가 낙상 날 때 대처하는 상황보다 훨씬 더 안전하다.

지면에 토해내는 글이 '나'를 살린다고 말한다. 답답한 것, 우울한 것 그 어떤 것이라도 글로 써 내려가라. 책 쓰기 전에 나는 늘 주변 사람들의 눈치를 보면서 그들의 감정을 나의 감정보다 우선하였다. 그러다 보니 자신을 잃어가고 삶의 의미도 가지지 못하였다. 책을 쓰고 나서 나의 감정을 돌보는 것을 우선으로 하고 나를 먼저 돌보기로 하였다. 내가 먼저 살아야 남도 사는 것이다. 일의 우선순위도 책 쓰기에서 배워 냈듯이 요양보호사로 하는 일에서 내가 주체가 되어 먼저 어르신의 처지에서 생각하고 관심 한번 더해주므로 인해 어르신의 낙상 사고를 예방하는 것이다. 책을 쓰고 글을 쓰면서 멋진 인생 2막의 주인공으로 거듭난다. 요양보호사 일을 하는 동료들도 나처럼 지면에 모든 것을 토해내고 스스로 힐링하면서 자신이 먼저 행복해지길 바란다.

Chapter 3.

요양보호사가 책 쓰는 비법

요즘, 평범한 사람들이 책 쓰는 시대다

요즘 인스타그램을 보면 너무나 많은 사람이 책을 쓴다. 평범한 사람들이 자신의 인생 첫 책을 쓰고 자신에게 더 성장할 기회를 주고 있다. 글쓰기의 가치를 알고 '나다움'을 표현하는 시대로서 비록 어떤 사람에게는 그저 그런 일일 수 있지만 다른 사람에게는 도움이 될 수 있다. 평범한 내가 책 쓴 것도 그런 것 때문이다. 자신의 상황을 바꾸고 싶었고 삶을 바꾸고 싶었던 간절함이 나를 책 쓰기에 도전하게 하였다. 평범한 내가 책을 써냈듯이 다른 평범한 사람들도 자기의 삶을 기록하고 자기 메시지를 세상에 전하면서 누구나 책을 쓸 수 있는 시대가 되었다. 평범하기에 우리는 책을 쓰고 결코 평범함에서 벗어나 비범한 생활을 한다.

나는 요양보호사 일을 하면서 책 쓰기 시작하였다. 직장 생활을 하면서 책 쓰기를 시작하였기에 직장에 다니는 누구나 다 책 쓰기가 가능하다. 우리 각자는 이 세상에 살면서 무엇인가 더 성장하기 위한 소명을 가지고 태어났다. 그러나 수많은 사람이 그 사실을 모르고 삶을 기록하지 않는다. 마지막 죽기 직전에 자신의 삶을 되돌아보면서 많은 아쉬움을 남긴다. 삶에서 겪었던 수많은 일들이 기억 속에 아름거리고 남겨놓은 것은 없고 삶이 참 허무하다. 그러면서 하고 싶었던 것을 하지 못한 아쉬움을 가지고 자신의 인생을 후회한다. 정말 하고 싶은 것을 하지 못하는 것이 삶을 짓누르고 더 짐이 된다. 하고 싶은 것을 다 하면서 살았다면 죽기 직전에는 후회가 없을 것인데 생계 때문에 자녀 양육 때문에 하지 못하고 짐만 되었으니, 삶이 얼마나 고되고 힘이 들지 생각한다. 호랑이는 죽어서 가죽을 남기지만 사람은 명성을 남기는 것을 바란다.

수많은 사람이 자신이 살면서 겪은 일들을 기록하면 책 한 권도 더 나온다는 말을 달고 산다. 그러나 그들은 삶을 기록하는 것이 습관이 되지 않는다. 작가는 정해진 사람이나 할 수 있고 타고난 사람이나 할 수 있다고 본인은 시도하지도 않는다. 그러나 책 쓰기는 의외로 간단하다. 책 쓰고자 하는 간절함에 책 쓰는 방법을 알기만 하면 된다. 책 쓰는 방법을 몸에 익히면 누구나 책 쓰기를 할 수 있다. 그리고 우리의 삶을 기록할 수 있고 남겨서 후대에 전할 수 있으며 후대들이 알아주기를 바랄 수 있다. 모든 삶은 다 빛난다. 누구나 살면서 각자의 경험이 있기에 책 쓰고자 하는 간절한 마음을 가진다면 이미 50%는 준비된 상태이다. 어떤 한 문제에 간절한 마음을 가진다면 그것을 해결하고자 많은 방법을 찾을 수 있고 그 방법 중에 합당한 방법을 찾아서 문제를 해결하고 원하는 것을 이루어 내는 놀라운 능력을 사람들은 갖고 있다.

꼭 성공해야 책을 쓰는 것이 아니다. 책을 쓸 마음이 있는지 없는지에 달렸다. 우리 〈책성원〉 모임에 K작가 있다. 그도 처음에는 책을 쓰는 사람이 아니었다. 그러나 책을 쓰고 싶은 간절함으로 우리 모임에 가입하고 리더 작가의 코칭대로 순순히 잘 따르기만 했다. 이미 1권의 책이 출간되고 2번째 책을 계약했으며 3번째 책을 초고 완성 중이다. 1년도 안 되는 짧은 시간에 엄청난 결과물을 만들어 내는 것을 보고 글 쓰는 재주를 타고났다고 하는 사람도 있다. 첫 책을 쓴 성취감이 두 번째, 세 번째로 이끌었다. 다른 L씨 작가도 똑같이 아주 평범한 간호사였다. 그 역시 책을 읽기만 하다가 책 쓰고 싶은 간절함으로 〈책성원〉에 가입하고 현재 인생 첫 책 계약하고 두 번째 책을 이어서 쓰는 중이다. 이렇게 평범한 사람들이 인생 첫 책을 쓰고나서 책 쓰기에 흠뻑 빠져 있는 것이다. 책 한 권 안 써본 사람은 책 한 권 못 쓰지만 책 한 권 써본 사람은 절대 책 한 권으로 만족하지 않는다. 더 성장하고 싶은 욕구에 충실히 하여 두 번째 세 번째를 계속 생각하고 있다. 이렇게 점점 책 쓰기에 탄력이 붙고 책을 여러 권 쓰고 나면 다른 사람의 도움이 없이도 스스로 책을 쓸 수 있다. 책 쓰기의 가장 빠른 성장으로 인하여 나도 다시 두 번째 개인 저서에 도전하고 있다. 이미 책 쓰기의 성취감을 짜릿하게 느끼면서 내 삶이 바뀌었기에 두 번째 저서도 대담하게 도전할 수 있다. 첫 책을 쓸 때 책 쓰고 싶은 간절함에 어떤 일이 있어도 써내고야 말겠다는 결단은 두 번째에도 적용된다. 어떤 일을 완성하겠다는 강한 의지가 우리에게 동기 부여해 주고 그 일을 완성 시킨다. 원하는 만큼 이루어진다.

핸드폰에 '고사성어' 앱을 깔아놓았는데 매일 몇 개씩 올라오는 '고사성어'를 보면서 나는 생각을 훈련하고 있다. 오늘 아침 나온 고사성어는 '전분세락(轉糞世樂)'이라는 고사성어이다. 뜻은 "만일 다리 하나가 부러졌다면, 두 다리가 모두 부러지지 않은 것을 하늘에 감사하라"는 뜻이다. 언제나 감사하라는 말은 이미 많이 들어봤다. 《성경》에서도 '범사에 감사하라'는 말씀 외에 수많은 감사에 관한 구절들이 있다. 또 성공한 많은 사람도 자신의 책에 감사하라고 한다. 감사가 수많은 사람에게 더 많은 감사할 일을 만들어 주고 있다. 감사가 최고의 삶이며 메마른 삶에서 벗어날 수 있는 길이며 오직 감사만이 상한 마음을 치유하고 모든 것이 잘 되는 선순환임을 알 수 있다. 나도 죽을 것같이 피폐했던 시절에 책 쓰기를 하고 싶다는 강한 욕구가 생긴 것을 늘 감사한다. 사람이 살다 보면 스스로 살아갈 방도를 찾아내는 것 같다. 책 쓰기와 아무 상관 없던 나에게 그토록 간절함이 생긴 것은 나의 생각하고 있던 것들이 아니다. 책을 읽지도 않던 내가 언제 책 쓸 생각을 할 수 있었을까? 단지 무의식 속에 '죽기 전에 책 한 권 써보겠다'라는 아주 막연한 씨앗이 있었던 것 같았다. 우리도 모르는 사이에 극한의 상황을 뛰어넘을 수 있는 무의식 속의 작은 씨앗이 갑자기 자기를 드러내기 위하여 나에게 생각으로 오고 그 작은 불씨를 느꼈다. 그리고 그 작은 불씨에 바람을 부쳐 더 크게 타오르게 하고 마침내 인생 첫 책을 써낸 사실, 참으로 감사하다. 삶이 어렵고 힘든 것을 감사하게 생각해야 한다. 고난 뒤에 축복이 있다고 우리에게 더 좋은 삶을 허락하고자 하는 고난이기에 고난이 클수록 나중에 얻을 수 있는 것이 더 크게 느낄 수 있다. 삶은 우리가 고난을 통하여 한 단계 성장하도록 한다.

요즘 평범한 사람이 책을 쓰는 시대다. 삶이 어렵고 힘들다면 책 쓰기에 도전해 보라. 책 쓰기는 책 쓰고자 하는 간절한 마음을 가지고 책 쓰는 사람을 만나서 책 쓰는 그룹에 가입하고 책 쓰는 환경을 만들어서 그들과 함께하면 책을 써낼 수 있다. 혼자서는 힘들지만, 평범한 사람들이 자기 책을 써냈고 지금도 꾸준히 자기 책을 써내는 그룹이 책 쓰기에 아주 좋은 그룹이다. 나는 내가 속한 〈책성원〉 그룹을 아주 좋아한다. 평범한 사람이 책을 계속 써갈 수 있는 시스템을 다 갖추었다. 본인이 인생 첫 책을 쓰고나서 지금도 꾸준히 책 쓰는 리더와 내 책 쓰고자 하는 간절한 마음을 가진 예비 작가와 책 쓰기의 필수 시스템 '필사 인증' 그리고 책 쓰기를 좋아하는 사람들의 단톡방 모임. 사람과 환경이 다 갖추어져 있으니 인생 첫 책 쓰기는 자연스럽게 이루어진다. 처음 도전이 어렵지, 그다음은 쉽다. 삶이 힘들다고 느껴질 때 내 책 쓰기에 도전하므로 가슴에 불을 붙이고 자신에게 시간을 투자하라. 자신의 속에 있는 것을 드러내면 우리 속에서 자신도 모르는 큰 변화가 일어난다. 물도 고이면 썩듯이 우리에게 들어가는 것만 있고 나오는 것이 없기에 가슴이 힘이 든다. 인생을 살아가면서 엉키고 막힌 우리의 가슴을 뚫어주고 새롭게 도전하는 힘을 가지고 삶에 휘발유 같은 원동력을 주기 바란다. 평범한 사람이 책을 쓰고 비범한 삶을 살아보라.

결단을 내린다면 책 쓰기 도전한다

　전에 요양시설에 P씨인 남자 요양보호사가 있었다. 그는 자기 얘기를 할 때마다 책 한 권을 쓰고도 남겠다고 말한다. 그뿐만 아니라 주변에 아는 사람은 다 그렇게 얘기한다. 자신의 삶을 누군가가 알아줬으면 좋겠고 인정받고 싶은 욕구는 사람마다 갖고 있다. 주변에 폐지 줍는 어르신을 붙잡고 그의 인생사에 관심을 가진다면 책 한 권을 쓰고도 남을 것이다. 누구나의 삶이 책으로 쓸 수 있다. 단지 책 쓰는 방법을 모르고 책을 써보지 못하였기에 책 쓰기를 부담스러워하는 사람들이 있다. 인생 첫 책을 써본 작가로서 인생 첫 책 쓰기가 그리 어렵지 않음을 알려주고 싶다. 그러나 책 쓰기는 아무나 하지 못한다.

비록 말은 그렇게 자기 인생을 책 한 권 이상 쓸 수 있다고 하지만 그들은 실제 책을 쓰는 행동을 하지 않는다. 극소수만이 책 쓰는 행동을 하여 자기 이름으로 된 첫 인생 책을 써낸다.

인생 첫 책을 쓸 때 나이 40이 되어도 아무것도 잘하는 것이 없었다. 삶은 우울하다 못해 피폐하다고 할 정도였다. 삶이 슬펐고 살아가야 할 의미를 몰랐다. 20대부터 시작한 우울한 감정은 삶을 갉아먹었고 드디어 속에서는 반란이 일어났다. 나는 자신의 삶을 뒤집고 싶었고 바꾸고 싶었다. 주변 사람들은 삶을 즐기면서 웃으면서 사는 것 같았는데 나만 죽을 것 같이 괴롭게 사는 게 너무 억울했고 나도 웃으면서 살고 싶었다. 삶의 가치를 알고 싶었고 꿈도 꾸면서 살고 싶었다. 하지만 삶을 바꿀 방법을 모르고 있어서 어디서부터 어떻게 바꿀지를 몰랐다. 우연한 기회에 나는 '책을 쓰면 삶이 바뀐다'라는 말을 듣게 되었고 책을 쓰기로 했다. 그 당시 나는 책 쓰기가 얼마나 어려운지 전혀 생각하지 못했다. 단순하게 책 쓰면 삶이 바뀐다는 것에 꽂혀서 책 쓰기를 하기로 결단했다. 그리고 되는 방법을 생각했고 책 쓰기를 배웠고 인생 첫 책을 써냈다. 오직 삶을 바꾸고 싶다는 결단이 나를 책 쓰기에 도전하게 하였다.

책 쓰기를 시작할 때 나는 자신이 책 한 권 써낼 수 있을지 걱정되었다. 책 쓰기는 잘난 사람들만, 성공한 사람들만 할 수 있는 영역인 줄 알았다. 책 한 권 읽지 않던 자가 책부터 쓰겠다고 하니 주변 사람들은 드디어 미쳤다고 생각했다. 주변 사람들이 그렇게 봐도 나는 상관없었다. 당시의 삶을 어떻게든 바꾸고 싶었다. 그 간절함으로 인해 주변의 어떤 책 쓰기를 방해하는 것도 보지 않고 듣지 않고 책을 쓰기로 했다. 사람이 간절히 원하다 보니 원하는 것을 얻게 되었다. 인생 첫 책을 쓰면서 나의 삶은 바뀌기 시작했다. 나는 독서를 하지 않던 사람에서 독서해야 하는 사람으로 바뀌었고 따라서 필사하게 되었다. 필사하다 보니 더 단단한 독서 습관을 지니게 되었다. 주변 사람들은 필사하는 데 시간이 너무 많이 걸린다고 하지만 필사 덕분에 독서 습관이 단단하여 더 많은 책을 보게 되고 점점 삶이 선순환으로 바뀌기 시작했다. 따라서 필사하면서 행동하는 습관을 지니게 되었고 행동하게 되니 상응한 결과가 따라오게 되었다.

저번에, 마트에 갔다가 후진으로 다른 사람의 차를 살짝 긁었다. 그 차는 주차선 안에 차를 세운 것이 아니고 차를 뒷바퀴 부분까지 주차선 밖으로 튀어나오도록 주차했다. 우리가 차를 타기 전 상대방 차주는 차 근처에 왔다가 일부러 차를 밖으로 튀어나올 정도로 주차했을 상 싶다. 우리가 마트 들어가기 전에는 상대방 차가 주차선 안에 있었고 나는 안전하게 주차했다. 그리고 나올 때 사고 나고 한 것이 꼭 그의 책임인 것 같아서 남편 앞에서 억울한 소리 하기까지 했다. 그

때 남편의 한마디로 나는 정신을 차렸다. "그 상대방이 어찌했든 네가 주차한 차를 박은 것은 너의 잘못이다." 남 탓을 하지 않으려고, 핑계를 대지 않으려고 얼마나 몸부림쳤던가? 그러면서도 나도 모르게 또 남 탓과 핑계를 대고 있었다. 사람은 쉽게, 이전에 자아로 돌아간다. 남 탓만 하던 그 옛날로 한꺼번에 돌아갔던 것이다. 절대 남 탓을 하지 않기로 스스로 약속했건만 그 약속이 쉽게 무너졌다. 다시 한번 나 자신을 돌아보며 남 탓하지 않겠다고 결단했으며 마음을 더 독하게 먹고 어떤 상황에서도 핑계하는 대신 수긍하고 내 잘못을 먼저 찾아보기로 했다.

  어떤 일을 하고자 결단할 때 다른 어떤 것은 생각하지 말고 오로지 원하는 것만 바라보고 달려가야 한다. 책 쓰기를 원하면서 쓰는 행동을 계속 해야 하고 목차가 나와서 어떻게 쓸 것인가 걱정 고민을 해도 1꼭지씩 써 내려가고 완성해야만 했다. 누구도 나를 대신해서 해주는 사람이 없었다. 나의 계획이고 결단이기에 내가 해내고야 말겠다는 강렬한 의지가 요구된다. 이럴 때 자신의 못하는 것을 합리화하게 되면 점점 원하는 것과 거리가 멀어진다. 핑계는 그만두고 일단 한 구절, 한 문단이라도 써내려 가야 한다. 글을 잘 쓰든지 못 쓰든지 쓰다 보면 영감이 생겨 더 잘 써질 수 있다. 책 쓰기를 할 때도 필사부터 시작하여 다른 사람의 글이든 내 글이든 써야 한다. 자판 필사는 작가처럼 되었다는 느낌으로 작가의 행동을 하도록 한다. 필사를 오랫동안 하다 보니 실행력이 좋아졌고 꾸준히 하는 힘을 기를 수 있었다. '천 리 길도 한 걸음으로 시작된다'라고 책 쓰기로 결단했다면 아무것도 근심하지 말고 걱정하지 말고 쓰기만 하면 된다. 쓰는 행동은 책 쓰기로 한 결정을 책이라는 결과로 이루어지게 한다.

평범한 사람이 책 쓰는 시대이고 요양보호사도 책을 쓸 수 있다. 요양보호사 일을 하면서 자신을 돌보기 좋은 방법이 책 쓰기인 줄 알기에 책 쓰기를 더 고집한다. 어떤 요양보호사는 몇 년째 요양보호사를 하면서 친정과 친구들에게 알리지 않는다고 했다. 일 자체를 부끄럽게 생각하고 스스로 자존감 낮게 자신을 평가하고 있었다. 나는 그의 말에 잠깐 생각해 봤다. '나도 요양보호사 일이 창피한가?' 나는 요양보호사 일이 자랑스러웠다. 오히려 요양보호사를 했기에 몇 권의 책을 쓸 수 있었음에 감사한다. 자신이 몸담은 일을 창피해하지 않으려면 자존감을 더 높여야 한다. 비록 요양보호사가 하는 일이 다른 사람들 보기에도 추하지만, 자존감이 높으면 어르신들을 돌봐드리고 그들의 여생에 헌신할 수 있음을 감사하게 여길 수 있다. 자존감 높이기에 좋은 것은 책 쓰기이다. 내 이름으로 책 한 권 쓰면 자존감이 높아지고 작가의 관점으로 요양원에 일도 사례로 보일 수 있다. 순간마다 기록하는 힘이 생기고 여러 가지 많은 사례로 요양보호사의 일을 외부에 알리므로 외부에서 요양보호사를 바라보는 시선도 바꿀 수 있다.

당신도 책 쓰고자 결단했다면 책 쓰기에 도전해 보라. 책 쓰는 것이 별것 아닌 것 같지만 진정한 힐링은 책 쓰면서부터 시작된다. 책 쓰기에 도전하여 자기 내면을 들여다볼 때 요양보호사도 자기 내면에 집중하여 자신의 감정을 어루만질 수 있다. 사람을 돌보는 일이기에 사람한테서 나오는 안 좋은 소리도 있다. 우리의 마음을 더 순수하고 높은 단계에 열어야 한다. 작은 하나의 감정도 우리 마음을 쉽게 흔들어 놓을 수 있다. 외부환경과 사람에 마음을 흔들리지 말고 처음에 요양보호사직업을 선택할 때의 헌신과 사랑의 마음을 담은 초심을 생각한다. 책 쓰고자 결단하면 독서는 자연적으로 이루어진다. 독서하면서 자신만의 고정관점을 바꾸고 먼저 자신을 사랑할 수 있다. 마음을 넓히면 문제는 작아진다. 자신을 사랑하기에 어르신의 소리에 불평하지 않고 다가설 수 있고 어르신을 불쌍히 여기는 마음을 가질 수 있다. 마음이 단단해지고 아픈 어르신들의 한마디에 흔들리지 않아서 자신이 상처받지 않고 잘 케어 할 수 있다.

글쓰기 필사부터 시작하라

오늘 새벽도 여전히 필사한다. 최근에 출간된 공저 《소중한 내 아이에게 꼭 알려주고 싶은 것》 중에 N 작가 편을 필사한다. N 작가도 처음에 글 쓰기 위해 필사를 했다. 필사가 어느 정도 몸에 익은 후 그는 지금은 매일 원고 한두 꼭지를 쓴다고 한다. 평생 쓰는 사람으로 기본이 되어 있다. 나도 인생 첫 책을 출간할 때 필사가 몸에 배었다. 항상 필사로 책 한 꼭지 분량을 필사한다. 필사가 먼저다. 새벽에 필사한 꼭지 하다 보면 나도 아이디어와 사례가 생각난다. 그러기에 초고 쓸 때 필사는 항상 해야 한다. 필사는 먼저 내 몸을 글 쓰는 몸으로 만들고 생각을 집중하도록 만든다. 필사로부터 시작된 글쓰기는 내

평생 소망이고 좋아하고 즐기는 것이다. 필사를 좋아하고 즐기는 만큼 효과적으로 일을 할 수 있고 결과를 만들어 낼 수 있다. 글을 잘 못 쓴다고 하지 말고 필사부터 시작하라

독서를 많이 하는 사람들은 내 이름으로 된 책을 쓰길 바란다. 그러면서도 그 방법을 잘 몰라 책을 쓰지 못한다. 글 쓰고 책 쓰는 방법은 필사로부터 이루어진다. 몸에 책 쓰는 체질을 장착하고 자판을 두드릴 때 스스로 작가가 된 느낌이 들 수 있으며 책 한 문단을 쓰게 되면 2문단도 이어 쓸 수 있다. 책 쓰기는 한 문단이라도 글을 쓰면서 시작된다. 한 문단도 쓰지 못하고 그저 책 쓰기만 바라면 어느 날 아침에 글을 쓰거나 책 한 꼭지의 글을 써낼 수 없다. 우리의 무의식에 필사하고 글 쓰고 책 쓰는 기억을 각인시켜야 글도 술술 잘 써진다. 남의 글 한 꼭지를 베껴 쓰다 보면 내 몸도 책 한 꼭지의 긴 글을 쓰는 데 익숙하여진다.

사람은 기억을 잃어도 자신이 늘 해오던 것들, 반복적으로 하던 것을 무의식적으로 해낼 수 있는 능력이 있다. 운전할 때도 특별히 운전하는 법을 기억해서 운전하는 것이 아니다. 무의식적으로 운전을 한다. 모든 기술은 몸에 익어야 나의 것이 되는 법이다. 매일 새벽 필사를 우선순위에 놓고 책을 쓰는 목적에서 눈을 떼지 않으면 책 쓰기는 완성된다. 책을 쓰는 것이 목표이기에 매일 한 꼭지 완성하려고

노력한다. 그러나 매일 한 꼭지 안 써질 때도 있다. 생각이 나지 않아 머릿속이 새하얗게 될 때도 있다. 그럴 때 필사하면 아이디어가 생각난다. 남의 글 한 꼭지를 필사하면서 그중에 한 단어나 한 장면이 나의 사례와 연관이 된다. 필사하는 책의 작가는 어떤 상황을 자기만의 방법으로 해결하였다. 나도 비슷한 상황을 나의 방법만으로 해결하였다. 생각이 연결되어 가면서 글을 쓸 수 있다.

  이미 인생 첫 책을 써 봤기에 두 번째 개인 저서 쓰겠다고 결단한 만큼 나는 책 쓰는 모드로 들어가야 한다. 우선 필사하면서 글 쓰는 근육을 키우고 초고 완성이라는 목표에서 눈을 떼지 말아야 하며 매일 내 글이든 남의 글이든 쓰고자 하는 계획, 그에 따르는 행동과 완성하겠다는 의지, 그리고 책 쓰는 사람들의 모임에서의 동기 부여 이 모든 박자가 맞춰져야 한다. 책 쓰기는 기술이고 방법을 알고 꾸준하게 써내야 한다. 초고 완성을 원하면 초고 완성하는 것에 시간을 내어 생각하고 집중하여야 한다. 직장인들은 직장을 다닌다고 글쓰기 할 시간이 없다고 말한다. 물론 직장 다니면 종일 스트레스 받고 집에 오면 아무것도 안 하고 싶다. 그러나 직장 다니기에 우리는 책을 쓴다. 평범한 사람이 직장에 다니면서 책을 쓰지 않는다면 직장 다니는 동안을 뒤돌아보면 세월을 너무 허무하게 보낸 것 같아 자괴감이 들 수 있다. 그러지 않기 위해서 직장 다니는 동안에 어떤 직업에 종사하든지 책을 쓸 글감은 있기 마련이다. 책을 쓰고 자신의 삶을 기록하는 삶이 작가의 삶이라고 생각한다. 나의 인생 첫 책과 여러 권의 공저 모두 요양원에 다니면서 쓴 책이다. 이미 여러 권의 공저를 출간하고 책에 내 이름이 적혀 있는 것을 볼 때면 인생에 남기는 것들이 쌓아지고 있어서 내부에서 만족감이 생긴다. 길다고 보면 길고 짧다고 보면 짧은 인생이다. 이 세상에 왔다 갔노라고 무엇이라도 남기는 것은 사람들의 욕구이다. 누구나 자기 유전자나 그 외의 사회에 대한 영향력이나 남기고자 한다. 나는 작가로서 자녀들에게 책을 남겨 주고 원하는 것을 얻는 방법을 남겨 주고 싶다. 아이들이 이 세상에 살아가면서 책 쓰는 엄마를 바라보면서 엄마가 책 쓰는 과정을 아이들은 보고 자란다. 그리고 아이들이 엄마가 책을 써냈다고 자부하고 있다는 것을 안다. '엄마는 원하는 것을 얻을 줄 아는 엄마'로 보았으면 하는 마음이다. 엄마가 스스로 성장하기 위해 노력하는 모습을 볼 때 아이들도 내면의 성장을 위해 노력한다. 우리 아이들도 성장하는 엄마를 보면서 아이들이 스스로 자신의 인생에 좋은 에너지를 불어넣고 자주적인 학습을 해간다. 엄마의 변화를 자식으로 지켜보고 있다. 겉으로 말하지 않고 있지만 엄마가 매일 독서하고 필사하고 초고 쓰는 모습을 본다.

글쓰기 필사부터 시작하라. 내가 하는 필사는 글 쓰기 위한 필사이다. 나만의 시간을 가지기 위해 필사하는 만큼 내 몸을 작가의 체질로 만들어 간다는 것을 너무나 잘 알고 있다. 필사로부터 시작된 글쓰기는 나의 하루를 행복하게 만들어 간다. 나의 무의식에 작가의 삶을 각인시키고 작가의 느낌을 각인시키기 때문이다. 나의 몸과 마음은 책 쓰는데 맞춰져 있고 꼭지 제목에 집중하면서 머지않아 완성될 책의 모든 꼭지 완성을 기대하면서 오늘 아침도 필사를 시작하고 필사에서 초고 한 꼭지가 이어진다. 출근 전 2시간 나는 이 시간에 결과물을 만들어 내는 행동을 하기에 생산성 있는 시간이고 결과물이 나온다는 확실한 마음을 가지고 오늘도 충만한 기분으로 하루를 시작한다. 새벽 필사는 나의 삶을 변화시키고 독서와 글쓰기 두 마리 토끼를 한 번에 가질 수 있도록 한다. 필사로 작가 된 나의 하루는 필사를 중요시할 수밖에 없다. 오늘도 출근 전 2시간의 활용에 만족하고 좋은 기분을 유지한다. 꿈을 이루는 데 있어서 지겨운 직장 생활은 보너스의 삶이 된다. 꿈에 이르기 위해 한 걸음 다가설 수 있고 생계도 할 수 있는 새벽 필사의 시간, 정말 행복하다. 글을 쓰기 위해서는 필사부터 시작해야 하는 이유다.

남의 글을 베껴 쓰면 내 글도 쓴다

　나의 매일 새벽 루틴은 필사를 우선순위에 놓고 하루를 시작한다. 보통 때는 《성경》 필사하지만, 책을 쓰고자 계획하면 의식 책을 필사하기 시작한다. 나는 의식 책 필사하기 좋아한다. 나의 의식을 끌어 올려 기분을 좋게 만들고 '할 수 있다'라는 마음으로 가득 채운다. 목적을 이루는 방법에 관해 얘기하기에 책을 쓸 때는 의식 책을 보고 필사하면서 먼저 낮은 의식을 높은 의식으로 끌어 올린다. 그러면 '할 수 없다'에서 '할 수 있다'의 의식 세계로 진입한다. 의식이 높아지면 책 쓰기도 술술 잘 써진다. 먼저 남의 글을 한 꼭지 필사하면서 영감을 얻어 나의 글을 한 꼭지 완성하고 출근한다. 어떤 때는 한 꼭지 글이 잘 쓰이지 않는다. 몸이 아프거나 집에 다른 일이 있어 이동해야 하고 또 정리가 덜 끝난 농사일 때문에 들에 가야 할 때도 있다. 이럴 때 의식이 저하되기 때문에 책 쓰겠다는 목표에서 자꾸 집중력이 떨어져서 책 쓰기보다 다른 일에 더 많은 시간을 투자하게 된다. 의식 책인 남의 글을 한 꼭지 쓰다 보면 갑자기 뭔가가 생각나는 그때 내 글을 써 내려가면 잘 써진다.

내가 인생 첫 책을 쓸 때 처음부터 책 한 꼭지의 분량을 베껴 쓰면서 나는 책 한 꼭지 쓸 수 있는 체질로 되어졌다. 날마다 한 꼭지의 분량을 필사한 덕분에 인생 첫 책을 쓰는 데 그렇게 긴 시간이 걸리지 않았다. 필사라는 좋은 무기를 장착한 것이 나에게는 삶의 선순환을 불러일으켰다. 한 꼭지 베껴 쓸 때 별로 지겹지 않고 오히려 속에서는 기쁨이 넘쳤다. 비록 남의 글을 베껴 쓰지만 타자를 하는 모습이 마치 자신이 유명한 베스트셀러 작가가 된 것 같아서 마음속에 은근히 묘한 감정을 느꼈다. 어찌 보면 체질에 맞을지도 모른다. 내가 타자를 배우기는 98년도 고등학교 졸업 후 컴퓨터 타자와 간단한 윈도 조작할 줄 알면 북경에 있는 어떤 회사에 일자리를 얻어준다고 해서 컴퓨터 기초와 타자를 배웠다. 그때 당시 나이 어려서 북경의 한 개인 출판사에 다니게 되었다. 인생 첫 직장이 타자원이었다. 조선족으로서 중국인의 작은 출판사에서 일을 했다. 그때 책의 내용을 스캔하기도 했고 주로 타자하였다. 그러면서 점점 포토샵을 가까이할 수 있었고 컴퓨터지식을 한층 더 배울 수 있었다. 그것을 계기로 윈도와 상관 마이크로소프트를 배웠고 나중에 중국 광둥성에서 한국 기업에서 일을 할 수 있었다. 그때도 자재 관리나 컴퓨터 일을 하는 것을 좋아하였다. 쉬는 시간 있으면 타자 연습했고 타자 연습을 하면서 항상 마음속에 흐뭇함을 금치 못했다. 그때부터 내 속에는 작가의 기질이 있었는지도 모른다.

  40대에 쓴 인생 첫 책 《새벽독서의 힘》이었고 당연히 새벽 독서를 위주로 초고를 썼고 초고를 출판사에 넘겼을 때 출판사 실장이 새벽에 주로 무엇을 하느냐는 물음에 새벽 필사를 한다고 말했더니 어쩐지 처음으로 책을 쓰는 작가인데 필력은 어느 정도 다져진 것 같다고 말하였다. 그때 들은 그 한마디로 인하여 작가가 된다는 것이 얼마나 멋진 일인지 알게 되었다. 그로 인하여 평생 내 삶을 기록하고 자녀에게 엄마는 도전하고 성장하는 엄마인 것을 보여주고 싶었다. 그때부터 나의 필사는 날개를 달았다. 어떤 일이 있어도 하루 한 꼭지 필사는 계속되었다. 필사를 멈추면 나는 모든 것이 도루묵이 될까 조마조마했다. 나는 필사를 나를 성장시키는 모든 것을 갖추었다고 생각한다. 남의 글 한 꼭지를 베껴 쓰는 것은 행동하는 것이고 저자의 생각에서 내 생각으로 옮겨 오는 것으로 생각한다. 특히 《나의 삶을 바꾸는 필사 독서법》을 쓸 때 나는 필사를 하면서 너무 행복했다. 하루 필사 한 꼭지, 나의 글 한 꼭지 출근 전에 완성하였다. 첫 책이 2021년1월14일 출간되고 나서 《나의 삶을 바꾸는 필사 독서법》 2021년 4월 27일에 발행되었다. 거의 100일 기간에 두 권의 책이 출간되었다. 미친 듯한 필사가 아니면 이렇게 놀라운 결과를 맛볼 수 없다. 사람은 어떤 일이든지 미칠 정도로 몰입해야 한다. 거의 100일 되는 기간 목차 기획에 한 책의 분량을 완성하는 것은 내 삶에서의 기적이다. 그동안 원고뿐만 아니라 4권의 공저도 함께 진행되었다. 오직 필사에 집중한 결과이다. 매일 한 꼭지의 남의 글을 베껴 쓰면서 다져진 책 쓰기 근육을 몸이 알고 있다. 몸이 아는 것은 내 것으로 되기 쉽다.

조정래 작가도 자기 며느리 되는 사람에게 필사시킨 이유를 보면 필사가 확실히 많은 좋은 점을 갖고 있다. 내가 느낀 필사의 행복감은 나를 어두운 데서 건져주었고 필사로 독서 습관이 단단해졌고 필사로 책 쓰기에 입문하였고 필사로 새벽 기상을 꾸준히 할 수 있다. 필사하기에 더 많은 것들을 컴퓨터로 인풋 시키고 다시 새로운 자료로 아웃풋이 된다. 필사하기에 내 감정을 조절할 수 있고 필사할 수 있기에 지금도 어떤 상황에 닥치면 흔들리지 않을 자신이 있다. 그처럼 나는 필사하는 것을 '만능'처럼 생각한다. 필사로 참으로 많은 것을 얻었고 최종적으로 인생관, 가치관, 세계관을 바꾸었기 때문이다.

이것을 돈으로는 계산할 수 없다. 필사가 주는 가치를 높이 평가하고 있기에 필사하는 시간이 즐겁다. 내가 즐거워서 하는 일은 나를 더욱 성장시킨다. 누가 하라고 해서 한다면 절대 지금까지 이어올 수 없다.

  필사 뭐가 그리 대단하다고 그리 떠드냐 하는 식으로 비웃지만, 필사의 매력에 빠지면 당신도 필사할 수밖에 없다. 그것은 필사의 효과를 모르고 하는 말이다. 필사를 하는 사람은 짧은 기간 내에 자기의 첫 인생 책을 써낼 수 있지만, 필사하지 않고 인생 첫 책을 써낼 수는 없다. 사람은 어렸을 때부터 모방하면서 성장해 왔다. 갓난쟁이 아기 때부터 부모의 언행을 모방했고 주변의 사람들을 모방했고 선생님의 행동을 모방했고 모두 하라는 대로 했다. 수많은 사람이 모방에서부터 창조한 것이다. 필사도 작가의 삶을 모방하는 것이다. 나 같은 아무것도 할 수 없던 사람도 필사했기에 작가가 되었듯이 당신도 필사부터 시작해 보라. 마음을 사로잡는 책을 쥐고 한 구절부터 필사하라. 손 필사든 자판 필사든. 무슨 결과가 일어나도 일어난다. 제일 빠르게 결과를 볼 수 있는 필사, 보기에는 성장이 늦지만 절대 늦지 않고 가장 빨리 성장하는 것이 필사다. 남의 글을 베껴 쓰다 보면 내 글도 쓰고 싶은 것이다. 필사하면서 책의 구조를 배워갈 수 있고 나도 내 이름으로 된 책을 출간하고 싶다는 욕망이 커진다. 간절함을 덧입어 인생 첫 책 쓰기에 도전하고 목표를 이뤄내고자 노력한다.

남의 글 베껴 쓰면 내 글도 쓴다. 베껴 쓰기는 처음에 어떤 부담감을 가지지 않는다. 그냥 책을 펼쳐놓고 책의 내용을 이해하고자 애를 쓸 필요도 없다. 눈이 보는 대로 손이 움직이면 되는 간단히 행동하는 것이다. 필사하는 시간이 길면 길수록 나도 모르게 책의 내용을 알게 되고 이해하게 된다. 책 한 권 필사로 작가의 몸을 다지기는 부족하다. 그저 책 한 권씩 필사하고 나면 이어서 다른 책 필사를 하면 된다. 베스트셀러 작가의 책을 필사하는 것은 독자의 마음으로 필사하지만, 처음에는 일반 작가. 평범한 작가의 첫 책을 필사하면 좋다. 우리 모임에 있는 N 작가처럼 첫 책을 쓰고 꾸준히 책을 쓰는 작가의 책을 필사한다면 그의 첫 책부터 최근 출간한 책까지 필사하다 보면 그의 성장을 볼 수 있고 그의 노하우를 배울 수 있다. 누구나 처음에는 미약하지만, 지속해서 할 때 그 힘은 위대한 힘이 되는 것이다. 책을 쓰고자 하는 사람이라면 처음부터 책 한 권을 다 필사한다고 생각하지 말고 그저 한 구절이라도 베껴 쓰라. 자신의 마음을 잡는 그 한 구절 베껴 쓰다가 인생이 바뀌는 기적이 일어난다.

글 쓰는 사람과 자주 소통해라

사람은 사회적 동물로서 주변의 환경과 사람이 매우 중요하다. 나는 요양보호사 일을 하기에 내 주변에는 대부분 요양보호사다. 요양보호사가 만나면 얘기 나누는 이야기는 어르신에 대한 케어와 직업 중에 받는 스트레스 얘기다. 같은 일을 하기에 서로의 마음을 너무 잘 알고 서로에게 공감할 수 있다. 그 외에는 삶의 일부분으로서 무엇을 사 먹고 어디가 세일하고, 등등이다. 요양보호사와 글쓰기 혹은 독서는 거리가 먼가 보다. 주변에 책을 읽는 요양보호사가 몇 명 되지 않는다. 요양보호사로서 자체의 자질을 높여야 함을 알 수 있다. 나는 요양보호사이면서도 책 쓰는 작가로서 주변에는 요양보호사 외에 책 쓰기에 관심 가지는 사람들, 작가들이 있다. 내 주변에는 독서하는 사람도 독서 모임 하는 사람도 많다. 한 가지 일을 하기에도 버거운 세상에 두가지 일을 하고자 하니 글을 쓰는 사람들의 모임이 절실히 필요하다.

 최근에 새로운 요양시설에 이직했다. 전에 요양원은 사설이고 규모가 작고 체계가 잡히지 않아서 일하는 데 조금의 어려움이 있다. 자기의 전문성을 더 높이고 어르신에 대한 케어를더 잘하기 위해서이다. 물론 더 많은 요양보호사를 만나면 더 넓은 세상을 보는 것이다. 이직한 요양시설은 내 마음에 좀 드는 편이다. 체계가 잡히니 일하는 것은 개인적으로 좀 더 힘들다. 작은 하나하나까지 어르신들을 우선으로 생각해야 하기에 근무 중에 핸드폰 사용도 안 되고 책을 읽는 시간도 안 된다. 출근한 첫날 나는 멘붕이 왔다. 새로운 요양시설은 기존의 사설 요양원보다 몇 배로 더 큰 규모를 가졌다. 요양보호사만 30여 명에 입소자가 70여 명 된다고 한다. 나는 3층 담당으로 자리 배치 받았다. 더 큰 요양원에 가면 체계가 잡혀서 일과 쉬는 시간이 분리될 줄 알았는데 더 큰 시설이기에 근무 중에 개인 시간이란 전혀 없다. 독서할 시간도 책 쓸 시간도 더 부족하다. 속담에 "여우를 피하다가 곰을 만날 수 있다"의 격이다. 어떻게 하면 책 쓸 시간과 책 쓸 환경을 마련할 것인가? 원하던 더 큰 직장으로 옮겨서 일이 마음이 더 편해지기를 바랐기에 만족스럽지 못한 결과에 대처해야 한다. 나는 새 직장을 사랑하기로 했고 더 열심을 내기로 했다. 더 이상 나의 기분을 불평불만으로 채울 수 없었다. 이미 여러 권의 책을 쓰면서 현재 환경에 대해 불평불만 하는 대신에 해결책을 찾는 것이 더 나음을 알고 있기에 일할 때는 최대한 일하고 쉬는 날에 최대한 초고 완성하기로 마음먹었다.

책 쓰기를 하므로 시간을 내어 책을 읽고 초고를 완성해야 한다. 온라인에서 알게 된 〈책성원〉이라는 책 쓰기 모임은 나의 책을 쓰고자 하는 욕구를 만족시켜 준다. 필사를 기반으로 하고 공저 도전하며 인생 첫 책으로부터 평생 책을 써가는 모임이다. 모두가 내 책을 쓰고자 하는 마음과 같은 꿈을 가지고 같은 방향을 바라보는 여러 사람이 2주 한 번씩 줌 미팅으로 얼굴 보고 삶을 나눈다. 우리는 단톡방에서 글쓰기나 필사로 자기 삶의 변화 발전을 얘기하며 줌 미팅 때는 리더가 한 사람씩 질문하고 발표하는 식으로 우리의 글쓰기와 말하기는 점점 더 능숙해진다. 필사를 기반으로 하는 글쓰기 모임이기에 처음 회원 가입한 예비 작가는 기본적으로 독서 습관을 지니고 인생 첫 책을 쓰고자 하는 분이기에 우리의 필사 인증은 매일 진행된다. 여러 사람이 전투적으로 필사에 몰입하고 인증하는 과정에 자신도 모르게 책 쓰는 분위기에 들어가게 되었다. 매일 A4 두장 이상의 인증을 기반으로 하여 책 쓰기를 도전하기에 누구 하나 필사 인증을 미루면 그만큼 책 쓰기 도전이 늦어질 것만 같다. 직장 다니면서 책 읽기도 어려운데 필사까지 하려면 사람들은 대부분 힘들다고 하지 못한다. 그러니 글 쓰는 환경이 중요하다. 주변 사람의 영향을 받고 자신의 흐트러진 마음을 바로잡고 필사하면서 글을 쓰는 근육 키우고 나중에는 인생 첫 책 쓰기에 도전할 수 있다.

수많은 단톡방이 있었는데 다 삭제하고 〈책성원〉 하나만 참여하고 있다. 나는 규모가 작지만 알찬 〈책성원〉 모임을 좋아한다. 책 쓰기와 관련해서 리더 작가가 아낌없이 코치해 주기 때문에 평생 책 쓰고 싶은 나의 소망은 잘 이루어져 간다. 우리는 삶을 나누고 점점 더 마음의 문을 열고 서로를 알아가고 서로에게 동기를 유발한다. 대부분 인생의 선배들이어서 각자 인생의 좋은 일들과 나쁜 일을 공유한다. 좋은 일에 서로 축복해 주고 나쁜 일에 서로를 위하여 안부나 기도를 해준다. 글쓰기 모임에 정을 쏟아붓고 자기 생각과 마음을 항상 표현하는 여러 작가 덕분에 더욱 책 쓰기에 힘을 낼 수 있다. 지금 간 직장이 책을 읽고 책 쓰기에 불편한 점을 여러 작가님과 공유하다 보면 더 좋은 선택을 할 수 있는 길이 열린다. 혼자서는 책 쓰기가 어렵다. 아무리 목표에서 눈을 떼지 않는다고 해도 혼자는 책을 쓰기가 불편하다. 몸이 아프거나 어떤 일이 있으면 책 쓰기를 안 하는 것을 합리화한다. 그러나 줌 미팅이나 단톡방을 통하여 못하는 것을 합리화하는 대신에 어떻게 해서든 책을 쓸 수 있는 환경으로 자신을 몰아넣는다. 그러면 책은 써 내려갈 수 있다.

　우리 모임에 k 작가는 초고 쓸 때 몸이 매우 아팠다고 했다. 혼자 책 썼으면 그런 상황에서 자신의 아픈 것을 합리화하고 책을 못 써도 좋다고 할 것이다. 그러나 책 쓰기 모임에 소속되었다는 소속감과, 내가 안 하면 다른 작가보다 뒤처진다는 부담감에 책 쓰기를 해낸다. 본인도 그렇게 말한다. 자신이 그 상황에서도 초고를 써냈다는 사실에 감동한다고 스스로 대견스럽다고 한다. 강한 정신력으로 그는 초고를 빨리 완성했다. 그날 줌 미팅에서 나는 자신을 반성했다. 몸이 안 좋으면 늘 몸이 안 좋다는 핑계를 대고 그날 필사나 글 쓰는 그것을 못 해도 자신을 합리화했다. '내일 쓰면 되지!' 혹은 '나중에 하면 되지!' 하고 미루다가 결국 초고 완성 시간을 늦추어 가고 말았다. 아픈 날의 k 작가의 모습을 상상하면서 자신을 다그쳐 초고 쓰기를 이어갔다. k 작가가 했듯이 무엇을 하든 초고 쓰기를 우선순위에 놓았을 때 그 결과가 빨리 이루어진다는 사실을 잘 깨달았다.

　또 한 번의 줌 미팅에서 다른 K 작가는 1년간에 3권의 개인 저서와 완성과 몇 권의 공저를 출간한 경험을 나누게 되었다. 그는 인생 첫 책을 쓰고 나서 꾸준히 공저와 개인 저서를 써갔기에 짧은 기간에 많은 결과물을 만들어 낼 수 있었다. "우리 온라인 모임에 참여하는 것이 좋고 리더 작가의 하라는 대로 했다."라고 자신의 감정을 밝혔다.

우리 리더 작가 역시 인생 첫 책을 쓰고 나서 현재까지 꾸준히 개인 저서와 공저를 쓰고 계시기에 현역이라 책 쓰기에 알맞은 코치이다. 책 쓰기는 책 한 권 쓴 작가보다 여러 권을 써낸 작가가 노하우 전하는 데 더 유리하다. 그는 책 쓰기를 우선으로 생각하기에 매일 한 꼭지 쓰기를 기본으로 한다.

책 쓰기를 하려면 책 쓰는 사람과 자주 소통해야 한다. 새해 되어 개인 저서 한권 쓰겠다고 계획하고 〈책성원〉 모임에 소속되어 있기에 매일의 필사 인증과 책 쓰기를 주제로 모이기에 처음에는 필사로부터 시작하여 공저에 도전하고 다음 개인 저서에 도전할 수 있다. 주변 환경이 책을 쓰는 사람들로 이루어졌기에 책 쓰기의 끈을 꼭 잡고 갈 수 있다. 직장인으로 평일 출근도 해야 하고 책도 써야 하기에 시간에 더 쫓길 수 있고 삶은 더 바쁘게 돌아간다. 책을 쓰다가 지치고 피곤할 때 주변에 책 쓰기 모임이 없다면 책 쓰기는 결코 이루어질 수 없다. 같은 모임에서 서로 동기 부여하고 동기 부여받고 그러면서 우리는 책이라는 결과물을 만들어 낸다. 작가라는 꿈을 가졌기에 남들과 다르게 자신의 시간을 쪼개서 책 쓰기에 집중해야 하고 공저든 개인 저서든 기한 내에 완성할 수 있다. 당신도 인생 첫 책 쓰고자 한다면 책 쓰는 사람과 어울리고 책 쓸 수 있는 환경을 만들어야 책 쓸 수 있다.

온라인 책 쓰기 모임에 참석해라

코로나 시대 우리의 삶은 온라인으로 옮겨 갔다. 전에 온라인이 그리 익숙하지 않던 많은 사람이 코로나로 인하여 온라인에 더 익숙해졌다. 각종 모임이 모두 온라인에서 이루어진다. 온라인 덕분에 우리의 범위가 더 넓어지고 세계화되어 간다. 나는 책 쓰기에 관심을 가졌고 인생 첫 책을 쓰고 난 후 1년의 공백기로 인하여 두 번째 책을 쓸 수 없었다. 두 번째 개인 저서 쓰기를 간절히 원했기에 온라인에서 공저작가 모임인 〈책성원〉을 만났다. 인생 첫 책을 냈지만, 처음부터 책 쓰기에 도전하는 마음으로 그 모임의 리더 작가에게 공저 신청을 하였고 리더 작가는 나의 프로필을 보고 처음에 놀라워 했다고 한다. 이미 책을 몇 권이나 쓰고 또 공저 모임에 참여하는 이유가 궁

금했던 것 같았다. 책을 쓰는 것은 혼자 힘으로 어렵다는 것을 너무 나 잘 알기에 나는 자초지종을 얘기하고 동의를 얻어 〈책성원〉 모임 에 가입하였다.

〈책성원〉 모임은 인생 첫 책을 쓰기 위한 작가들의 모임이다. N 작가는 2019년부터 인생 첫 책을 쓰고나서 꾸준히 책을 써온 분이다. 10여 권의 개인 저서와 공저를 출간했다. 그는 책 쓰기의 좋은 점을 많은 사람에게 전하기 위하여 책 쓰기 멘토로 활약하고 있다. 〈책성원〉에서는 책 쓰기의 시스템을 갖추고 있다. 모임에 가입한 예비 작가들은 하루 한 꼭지인 A4 2장 이상을 필사하고 그것을 단톡방과 온라인에 인증하는 것을 기초로 하고 있다. 수많은 사람이 책 쓰기의 기본 실력은 필사로부터 얻어지는 것을 알고 있다. 나도 책 쓰기의 기본이 필사인 줄을 너무나 잘 알고 있다. 그러기에 매일의 필사 인증에 나는 별로 부담감을 가지지 않았다. 원래 필사를 좋아하고 필사의 많은 좋은 점을 경험했고 필사 덕분에 작가가 된 나는 어떤 모임에 속한다는 소속감으로 만족하였다. 우리는 온라인 단톡방에서 매일 소통하면서 또 2주에 한 번 줌 미팅을 하였다. 리더 작가는 우리에게 책 쓰기에 관하여 설명해 주고 가르쳐주고 우리들은 점점 필사로부터 공저, 그리고 개인 저서에 도전하게 되었다. 아직 우리 모임이 소그룹이지만 나는 이 모임만큼은 정말 좋아한다. 다른 수많은 단톡방에 가입하였다가 다 정리하고 나와서 지금 오직 〈책성원〉 한 모임에 가입하고 소속되었다고 자부심을 느낀다. 인스타그램에 필사나 초고 인증 시 항상 해시태그로 〈책성원〉을 밝힌다. 사람의 소속감이 참으로 놀라운 효력을 가진다.

혼자서 1년 동안 공저 한 편 써낼 수 없었기에 혼자로서는 절대 책 쓰는 환경을 마련할 수 없다. 내가 말하는 책 쓰는 환경은 인생 첫 책을 써냈고 그 뒤로 꾸준히 책을 써내는 리더와 책 쓰기의 꿈을 가지고 필사를 좋아하는 사람들이 단톡방을 통하여 자기 인생 책을 써내고 꿈을 이루어 가는 것이다. 책 쓰기를 간절히 원하는 사람들끼리 모였기에 우리의 일상 얘기는 책 쓰기 방법과 책 쓰기에 대한 동기부여와 책 쓰기에 대한 부족한 점을 서로 묻고 가르치는 환경이다. 〈책성원〉의 뜻이 책을 써내고 성공하여 원하는 삶을 사는 것이다. 인생 첫 책을 써내고 평생 나의 삶을 책으로 써내고자 하는 꿈을 〈책성원〉에서 이루어 갈 수 있다는 것이 가슴을 새롭게 뛰게 한다. 그리고 나는 다시 공저로부터 시작하여 작년 1년 동안 2권의 공저에 참여했고 그중 한 권은 최근에 출간되었고 한 권은 출간 준비 중이다. 《소중한 내 아이에게 꼭 알려주고 싶은 것》 출간되어서 이미 주변의 많은 사람에게 홍보 중이다. 내 아이를 바라보면서 엄마로서 아이가 성장하면서 꼭 갖췄으면 하는 것들을 아이들이나 아이들의 부모에게 알려주고 싶은 마음으로 4명의 엄마가 모였다. 처음 공저를 쓸 때 우리는 과제를 열심히 하였다. 매월 15~20일의 필사 인증을 요구하는 그룹모임에서 처음에 나는 필사 인증을 20일 인증하면 된다고 자기 합리화를 하였다. 한 달에 나머지 10일 정도는 필사하지 못하는 것을 합리화하였기에 내 뒤에 가입한 예비 작가보다 필사 인증량이 훨씬 줄었다. 내 뒤에 참석한 K 작가는 자신이 다른 사람보다 늦게 시작한 것을 아쉬워하면서 하루도 그르지 않고 매일 인증하였다. 그리고 그는 엄청 빠른 속도로 발전하였다. 그의 인증하고 노력하는 모습에 필사가 몸에 밴 나도 따라서 동기 부여를 받고 매일 필사 인증을 하려고 노력하였다. 그리고 1년에 2권의 공저가 완성되었다. 필사는 역시 몸을 책 쓰기 합당한 체질로 만들어 낸다.

우리의 〈책성원〉 모임은 한국뿐 아니라 캐나다에까지 퍼져 나갔다. 수많은 사람이 자신의 인생 첫 책을 쓰고 싶은 강한 욕구가 있음을 알게 되었다. 우리의 모임은 2주 한번 줌 미팅을 하고 있다. 아침 7시에 시작하여 9시 30분까지 책 쓰기 수다를 한다. 근무 중에는 어쩔 수 없이 빠지지만, 리더 작가의 배려로 녹화본을 받아볼 수도 있다. 쉬는 날이라면 언제든 화면 켜고 얼굴을 보면서 2시간 이상의 책 쓰기 수다를 떨고 있는 우리는 이미 의젓한 작가이다. 얼마 전 줌 미팅에서 리더 작가는 K 작가를 칭찬하였다. K 작가는 〈책성원〉 모임에 가입한 후 이미 3권의 개인 저서를 완성하였고 1권은 얼마 전에 출간

되었고, 한 권은 인쇄 중이며 한 권은 퇴고 중이다. 그 외에도 몇 권의 공저를 써냈다. 1년이란 시간에 놀라운 결과를 가져온 것이다. K 작가가 이처럼 큰 성과를 가져올 수 있는 것은 〈책성원〉 모임의 합당한 책 쓰기 시스템 때문이다. 그리고 리더 작가가 하라는 대로 꾸준히 하여 왔기에 이처럼 놀라운 결과를 만들어 낸 것이다. 나보다 늦게 인생 첫 책을 써냈지만, 휘황한 결과를 이뤄낸 K 작가를 보면서 책 쓰기에 더 열심을 낼 수 있다. K 작가가 끊임없이 결과를 만들어내는 것을 보면서 〈책성원〉 모임에 참석하는 우리들은 동기 부여받을 수밖에 없다.

우리는 줌 미팅 때 자신들이 공저든 개인 저서든 쓰면서 어려운 점과 기쁨의 느낌, 그리고 문제점들을 공유한다. 이렇게 다른 사람의 느낌과 문제들을 공유하면서 점점 더 책 쓰기에 익숙해지는 우리들이 된다. L씨 작가도 나의 권유로 우리 모임에 가입한 작가이다. 그는 이전에 책을 많이 읽었고 자신의 책을 쓰고 싶다는 간절한 생각 하고 있고 평범한 내가 책을 써내는 것을 보고 자신도 책을 써내고자 나에게 문의했었고 나는 우리의 모임이 책 쓰기에 합당하다고 그분을 리더 작가에게 소개하고 같이 〈책성원〉 회원이 되었다. 그 작가 역시 리더 작가의 올바른 리드로 현재 첫 번째 개인 저서를 출간 준비 중이고 두 번째 개인 저서를 도전하고 있다. 〈책성원〉 모임은 짧은 기간에 책 쓰기 결과를 확실하게 만들어 낼 수 있는 곳이라서 여러분에게도 많이 추천하는 편이다. 우리 교회 한 성도도 책 쓰기에 관심이 있다. 그러나 아직 〈책성원〉 모임에 가입하지 않고 혼자 책 쓰고 싶다고 생각하고 있다. 물론 책 쓰는 방법을 모르기에 아직 도전하지 못한다. 본인의 책 쓰기에 관한 관심이 좀 더 커지면 나에게 먼저 물어볼 것이다. 그때도 역시 〈책성원〉을 소개할 것이다. 우리가 함께 할 수 있는 곳이기에 〈책성원〉에서 그도 책을 써낼 수 있을 것이다.

책 쓰고자 하는 사람은 온라인 책 쓰기 모임에 참석해야 한다. 필사부터 시작해서 수시로 공저에 도전하고 개인 저서에도 도전할 수 있다. 초고를 쓸 때마다 리더 작가의 피드백을 받으면서 한 단계 한 단계를 밟아 가면서 도전하고 있다. 피드백을 받는 것과 받지 않는 것은 엄연히 차이가 있다. 피드백을 받고 글은 비로소 책으로서의 형식을 갖추게 만들어 나가고 책의 내용이 흐트러지지 않고 원하는 꼭지 제목에 알맞게 정리되어 간다. 피드백이 없다면 혼자만의 생각에 사로잡히고 내 글은 책의 형식을 갖추지 못하고 생각은 정리되지 않는다. 책 쓰기는 방법을 알고 그 방법과 형식대로 써가면 된다. 이 모든 훈련을 온라인 모임에서 완성해 간다. 핸드폰만 있으면 수시로 글을 쓰고 피드백 받을 수 있기에 오라인 모임에 활발하게 참여할수록 얻는 것이 더 많아진다. 책 쓰기도 온라인 모임에 참석해서 빠른 결과를 가져올 수 있다.

글쓰기 근육 만들고 방법만 알면 책 쓴다

평범한 내가 책을 썼다고 하자 주변 사람들은 아주 놀라운 표정을 짓는다. "책 한 권 쓰기가 쉽지 않은데…", "너에게 그런 재주가 있었어?" 학교 때부터 책 읽기와 글쓰기는 영 젬병이다. 그런 내가 책 한 권을 썼다는 것은 나 스스로 나에게 그런 능력이 있을 줄은 몰랐다. 사람들은 다 책을 쓰기가 쉽지 않다고 생각한다. 또 책을 쓸만한 성공을 거두어야 책을 쓸 수 있다고 생각한다. 이런 한계의 생각을 벗어나 일단 필사를 시작하였다. 의외로 필사하는 느낌이 좋았다. 처음부터 책을 쓰라고 한 것이 아니었고 그저 한 구절이 좋아서 필사하다 보니 한 문단, 2문단을 필사할 수 있었다. 그저 좋아서 시작했기에 책 한 권의 분량을 재미있게 필사할 수 있었다. 시간이 지나면서 필사로 책 쓰기 근육 만들고 책 쓰는 방법을 배워 인생 첫 책을 쓰고나서 그 한계를 뛰어넘을 수 있다는 것을 알게 되었다.

　나도 처음에 자신의 편협한 사고에 갇혀 책 쓰기에 관심을 가지지 못하였다. 독서하지 못하는 나에게 책 쓰기는 거리가 먼 이야기라고 생각했다. 또 내 인생은 실패한 인생이라고 스스로 한계를 짓고 성공자만이 책을 쓴다는 낮은 의식으로 살았다. 그러던 내가 책 쓰기를 시작한 것은 당시의 환경에 불만족했고 삶의 환경을 바꾸고자 하는 강렬한 요망이 있었다. 그러던 나에게 "책을 쓰면 인생이 바뀐다."라는 말이 들렸다. 내 인생을 바꾸고 싶었으나 바꾸는 방법을 몰라서 애간장이 탔던 마침 그때 그 소리를 듣게 된 것은 내 속에서 이미 책 쓰기에 도전할 때가 되었다는 신호로 여겼다. 나는 책 쓰기 위해 코치를 찾았고 마침 찾았던 코치는 대한민국 최고의 책 쓰기 코치였다. 아무것도 할 수 없었기에 그가 하라는 대로 했고 필사부터 시작하였다. 한 권의 책 필사는 나에게 탄력을 부쳐주었다. 필사하는 것이 그렇게 재미있고 지루하지 않았다. 오히려 필사하고 SNS에 인증하는 것이 재미있었다. 필사에 미칠 정도로 재미있기에 하루의 거의 시간은 필사로 보내도 힘들지 않았다. 새로운 세상이 열릴 거라는 기대감에 필사는 나를 더욱 필사적으로 필사하게 하였다. 필생필사(必生筆寫), 살기 위해 필사적으로 필사하는 내 모습이다. 매일 새벽 3시 30

분에서 4시에 일어나서 필사를 A4 2장 이상을 했다. 처음부터 필사의 매력에 빠졌기에 자신을 강훈련시켰다. 매일 필사를 하다 보니 점점 필사하는 책의 양이 늘어갔다. 처음에 필사책으로는 아이들이 쓰다남은 공책으로부터 시작하여 점점 노트를 사서 필사를 했다. 손 필사로부터 시작하여 자판 필사까지 쭉 이어졌다. 손 필사를 할 때는 손목이 아팠고 나의 못난 글씨체를 인증하기가 부끄러웠다. 또한 손 필사 인증은 그저 인증에 그쳤다. 그것이 실제 나의 것으로 되기에는 턱없이 부족했다. 그때부터 나는 읽는 책을 자판 필사하였다. 블로그에 인증하기 시작하면서부터 점점 책의 구절들을 카드뉴스로 만들어 앨범에 저장하고 그 한 구절로 또 SNS에 인증하면 많은 사람이 좋아했다. 짧고 힘 있는 한 구절이 처음에는 그냥 이미지로 되었지만, 점점 숏츠 영상으로 발전되어 갔다. 수많은 사람이 강한 한 구절에 공감을 해주었다. 자판 필사에 힘을 얻게 되었다. 자판을 칠 때면 항상 내가 작가가 된 것 같은 느낌이 들었다. 손 필사할 때는 느끼지 못하였던 작가의 느낌을 자판 필사하면서 온몸으로 체험하였다.

  필사로 나의 몸은 점점 글쓰기 체질로 적응되어 갔고 나의 삶은 필사를 통하여 조금씩 변화되어 갔다. 필사하면서 가장 의미 있고 깊은 독서를 하기에 비록 느리지만 제일 빠르게 나를 성장시켰다. 필사의 근육을 키워가면서 점점 나의 글도 써보고 싶은 욕구가 간절했다. 책 옆에 내가 느끼는 것을 한 구절씩 적어가고 점점 나의 감동을 적어갔다. 무엇을 쓰든지 매일 쓰는 것이 중요하다. 내 글이든 남의 글이든 매일 쓰니 나는 이미 상상 속에서 작가가 되었다. 남의 책을 필사하면서 나는 내 책을 쓰는 느낌을 받았고 내 책도 이런 느낌으로 쓴다면 쓸 수 있을 것 같은 자신감이 생겼다. 평생 일기 한번 써보지 않았던 나는 필사의 덕분에 책을 쓸 수 있다는 자신감을 가지고 인생 첫 책의 첫 꼭지를 쓰기 시작했다. 의외로 첫 꼭지는 생각과 다르게 시간이 오래 걸렸다. 생각은 쉽게 써질 수 있을 것 같았는데 자꾸 문단이 잘리고 막히고 하였다. 첫 책을 쓸 때 나는 여러 꼭지를 동시에 쓰기 시작하였다. 한 꼭지를 쓰다가 막히면 다른 한 꼭지를 썼고 또 막히면 다른 한 꼭지를 썼다. 시작은 여러 꼭지를 하였지만 한 꼭지를 마무리 짓지 못하고 분량을 채우지 못하였다. 이때 필요한 것은 코치의 한마디 코칭이다. 그리고 나는 한 꼭지를 마무리하였고 한 꼭지가 완성되니 두 번째, 세 번째 꼭지도 완성할 수 있었다. 사람은 뭐나 첫 술에 배부르지 않다. 한꺼번에 만족한 결과를 이룰 수 없기에 수많은 시도와 반복을 거쳐 작은 한 꼭지 완성하고 그다음은 탄력받고 잘 써 내려간다. 그러다가 몇 꼭지 쓰면서 또 막힌다. 도저히 책을 더 이상 쓸 수 없다. 주변의 유혹도 점점 많아진다. 이때 관건은 포기해야 하나, 계속 써야 하나의 문제다. 삶을 바꾸고자 시작한 책 쓰기이기에 나는 결코 포기할 수 없었다. 어찌하든 꼭지의 분량을 채워서 책 한 권의 원고를 완성해야 했다.

책 쓰기 할 때는 전략이 필요하다. 우선순위를 정해야 하고 엉덩이의 힘이 필요하다. 나는 책을 쓸 수 없을 때 의식을 높이는 네빌 고다드의 책들을 읽기 시작하였다. 책들을 읽고 필사하면서 나의 의식을 '할 수 없다'에서 '할 수 있다'의 의식으로 끌어 올렸다. 의식을 높이면서 나는 다시 책을 쓸 수가 있었고 계속 쓰다가 멈추기를 반복하였다. 드디어 인생 첫 책의 초고가 완성되었고 계약을 할 수 있었다. 나는 자신이 해낼 수 있음에 놀랐고 그로 더불어 자존감이 확 살아났다. 원래 아무것도 '할 수 없다'라고 스스로 한계를 지었고 그 한 계속해 갇혀서 슬픔에 잠겨 살아가던 나는 그 '감옥'에서 탈출할 수 있었다. 인생 첫 책 《새벽독서의 힘》이 출간되자 그 기쁨을 이루 다 말할 수 없었다. 구원의 기쁨을 받은 것이다. 남들이 어려워서 못 하는 책 쓰기를 나 같은 평범한 사람이 해냈다는 것은 더 이상 나를 한계의 감옥에 가두지 못하였다. 그때부터 갇혀서 누리지 못하던 자유를 만끽하고 있었다 '아! 나도 하면 되는구나!', '나도 할 수 있구나' 더 이상 자신을 보잘것없는 아무것도 못 하는 자로 여기지 않게 되었다.

　매일 새벽마다 하는 필사를 처음에는 하찮게 생각했다. 남의 글을 쓴다고 정말 삶이 바뀌겠냐고 의심하였지만 나는 확실히 삶을 바꾸어 갔다. 결과물을 만들어 내는 방법을 책 쓰기를 완성하고 알아냈다. 책 한 권 쓰는 경험이 나의 인생에 최고의 경험을 준 것이다. 목표를 세우고 그 목표를 이루어 성공하는 모습을 가슴 깊이 새겨 주었다. 사람들은 성공을 꼭 큰 부를 얻어야 성공이라고 생각한다. 나도 처음에 그렇게 생각했다. 그러나 책 한 권을 쓰고 나서 성공에 대한 관념이 바뀌기 시작했다. 성공은 자신이 목표한 것을 이루어 내는 것이 성공이다. 공을 들여서 결과를 이룬 것. 이 면에서 볼 때 나는 분명 성공하였다. 수많은 박사도 자기 이름으로 된 책을 써내지 못하였다. 대졸도 아닌 내가 내 이름으로 된 인생 첫 책을 써냈고 그 외에 여러 권의 책에 이름을 써놓았다는 것은 거의 기적의 수준이다.

책 쓰기 근육 만들고 책 쓰기는 방법만 알면 아무나 쓸 수 있다. 책 쓰고자 하는 명확한 목표와, 먼저 책을 쓴 멘토의 코칭, 책을 쓸 수 있다는 의식의 상승, 사로 다져진 엉덩이 힘과 꾸준함, 글쓰기의 근육을 키우는 것, 목표에서 눈을 떼지 않는 포기하지 않는 정신, 글 쓰는 사람들의 모임. 이것만 갖춰지면 누구나 자신의 인생 첫 책을 써낼 수 있다. 일단 필사부터 시작하여 책 쓰기에 적합한 근육을 만들라. 한 가지를 제대로 잘하게 되면 다른 것은 자연스럽게 따라오는 법이다.

Chapter 4.

당신이 요양보호사라면 필사부터 시작해라

다른 사람으로부터 인정 받는다

　사람으로부터 인정받고 싶은 욕구는 기본이다. 그러기에 아이들도 부모님께 인정받고 싶어 하지 않는가? 아이들이 어릴 때 벽의 곳곳에 낙서해 놓고 엄마나 아빠가 그림 잘 그렸다고 칭찬해 주기를 바랐다. 처음으로 부모가 되어 아이의 이런 행동을 이해하지 못하였고 안 된다는 소리만 했다. 그러나 둘째 셋째까지 태어나면서 점점 아이들의 낙서를 보면서 낙서라고 생각하지 않고 아이들이 참 잘 그렸다고 말하기 시작했다. 그 말에 막내 아이는 더 많이 낙서하고 더 자유롭게 낙서했다. 큰아이는 첫째여서 사랑받고 막내는 막내라서 사랑받는다. 그러나 둘째는 자신이 둘째이기에 스스로 사랑받을 짓을 한다. 그는 언니와 함께 언니 24개월에 자기가 18개월에 기저귀를 뗐다. 항상 언니보다 더 잘하기 위해 둘째는 노력하고 애쓰고 했다. 그러는 둘째 아이가 더 사랑스럽게 느껴졌다. 물론 아이의 존재만으로 아이가 사랑스럽지만, 더 사랑받고자 하는 아이니 더 예뻐 보일 수밖에 없다.

나는 지금도 인생 첫 책을 출간했을 때의 기쁨을 기억하고 있다. 인생 첫 책을 쓰고 나서 교회와 아이가 다니는 지역아동센터, 아이가 다니는 태권도 도관 등 많은 사람이 책을 사주고 온라인에도 많은 구독자를 만났다. 교회 성도들도 많은 책을 구매해 주셨고 아무것도 아니던 나를 주변 사람들은 작가님으로 불러준다. 작가님이라 불러줄 때 부끄러움도 있었다. 책을 써놓고도 나를 작가라 부르는 사람들이 고마웠다. 나의 책을 읽어주고 많은 사람이 후기를 나누었다. 한 사람이라도 나의 책을 읽고 도움이 된다면 그것으로 만족하였다. 직장에 다닐 때 사람들이 나의 책을 읽고 독서 습관을 지닌 사람도 몇 사람이 되었다. 책을 좋아하지만, 직장 일이 힘들어 책을 읽을 시간이 없다는 것이다. 나의 책을 읽고 나서 한 독자는 쉬는 시간을 내서 책을 읽기 시작했다. 나와 가깝게 지내면서 나는 '책을 읽는 것은 남는 시간에 읽는 것이 아니라 시간 내서 읽어야 한다'라는 점을 알려주었다. 그날에 맞는다고 생각한 그는 쉬는 시간마다 책을 읽기 시작했다. 동료로 있는 동안 그는 몇 권의 책을 읽고 나를 못 만났으면 책 읽기 습관이 안 되어졌다고 말했다. 한 사람의 변화를 보면서 책을 출간하여 한 사람에게라도 도움을 줄 수 있다는 자부심에 행복했다.

    얼마 전에 요양원 대표가 나를 보면서 놀랍게 먼저 인사를 건넸다. "선생님, 다시 보게 됩니다. 어찌 책을 쓸 생각을 하셨어요? 저한테 사인 해줄 수 있나요?" 그 대표님은 젊은 남자 대표였는데 처음에는 내가 그저 요양보호사 일만 하는 줄 알았다. 나의 카톡 프로필을 조회했나 보다. 최근에 출간한 공저 《소중한 내 아이에게 꼭 알려주고 싶은 것》 표지를 카톡 프로필에 저장했었다. 대표께 드리려고 싸인 본을 몇 권 준비해서 요양원에 가져다드렸다. 요양원 어르신께도 책 한 권을 드렸다. 다행히 그 어르신은 책을 보실 수 있었고 나의 책을 소중히 아껴주셨다. 많은 사람은 직장 다니는 것만으로 삶을 벅차게 느낀다. 모든 것은 직장 생활에 맞추고 오로지 직장만 바라본다. 물론 직장 다닐 때는 직장 생활이 우선일 수 있다. 그러나 기나긴 직장 생활하고 나서 돌아보면 인생이 너무 허무할 것 같다. 자신을 위해서 이루어 놓은 것이 하나도 없기 때문이다. 가족을 위하여 자신을 헌신하고 퇴직할 때 조금의 퇴직금 받고 마땅히 할 일을 찾기 어려워한다. 많은 시니어는 그런 상황을 견디기 어려워 한다. 퇴직하고 처음에는 조금의 편안함을 누리지만 막상 시간이 지나면 마땅히 할 일도 갈 곳도 없다. 퇴직 후 인생 2막의 삶을 살아야 한다. 그러나 인생 2막을 직장 다니면서 준비하지 않아 어디서부터 어떻게 해야 할지를 몰라서 방황한다.

　직장 다니는 동안 자신의 노후를 위해 준비해야 하는 것이 현명하다. 적어도 책 쓰기를 도전한다면 인생 2막에 할 일이 있어서 외롭지 않다. 인생 첫 책을 쓴 사람은 절대 책 한 권에 만족하지 않는다. 계속 자신의 인생을 책에 남기고 싶은 욕구를 가지고 실현하고 싶다. 삶을 기록하는 재미를 알고 있기에 삶의 순간을 기록하고 허투루 보내지 않게 된다. 무엇인가 할 일이 있다는 사실, 나이 들어도 독서 모임에 참여하고 사회적인 참여를 하면서 계속 독서하고 하는 삶은 자신의 인생에 많은 선순환을 일으킨다. 위에서 말하다시피 독서하는 것은 책을 쓰기 위한 독서이기에 언제나 책을 읽고 쓰는 삶이 가능하다. 나의 꿈도 평생 독서하면서 세상을 더 아름답게 바라볼 수 있고 평생 자기 내면을 종이에 담아내는 것이다. 죽기 직전까지 책을 보고 글을 남기고 싶은 마음이다.

　박사와 한 고등학교를 나온 사람이 같은 장소에서 선후 순서로 강연하게 되었다. 박사는 자신의 이름으로 된 책이 없고 고등학교 졸업한 사람은 자기 이름으로 된 책이 있다. 강연회 때 자기 이름으로 된 책을 몇 권 가지고 가서 현장에서 사람들에게 사인해 주면서 박사보다 더 많은 강연료와 인기를 얻게 되는 모습을 보면서 박사도 책을 쓰고자 했다. 실제 시간당 강연료도 책을 쓴 고졸인 사람이 더 많게 받았다는 사실을 들었다. 내 이름으로 된 책, 내 생각을 가진 1,000권의 책이 이 세상에 출간했을 때 나도 모르는 곳에서 그 책 한 권 한 권이 나를 세상에 알리고 있었다. 많은 사람이 인스타그램에 나의 책에 후기를 달아 주었고 그들에게 영향을 미쳤다. 《새벽독서의 힘》을 출간할 때 나는 홍보를 잘하지 못하였다. 그러나 이어서 출간된 《나의 삶을 바꾸는 필사 독서법》은 많은 홍보를 하였다. 최근에 알게 되었는데 우리 〈책성원〉 모임에 캐나다 간호사 출신의 예비 작가가 있었는데 그 작가도 나의 책을 읽었다는 것이다. 이 책은 필사하는 나의 행복한 감정을 고스란히 담았기에 필사하면서 느낀 감정들과 필사 덕분에 작가가 된 사실들을 적었다. 필사를 좋아하고 필사를 강조하는 책이기에 필사에 관심을 가진 많은 사람이 후기를 남겨 주면서 실제 많은 사람이 필사를 실행했다. 나의 삶을 바꾼 필사 독서법이기에 수많은 사람에게 필사 전도사로 이름을 알렸다. 한 권씩 세상에 출간된 책을 보면서 점점 나의 이름을 세상에 드러냈다. 있는 듯 없는 듯 학교생활을 하던 내가 수많은 사람에게 알려지고 네이버에 작가라고 인물 등록한 사실은 나에게 기적을 일으켰다.

책을 쓰고 나를 인정하고 다른 사람에게도 인정받게 되었다. 나를 있는 그대로 인정하고 사랑해 주니 다른 사람과 세상을 보는 눈이 달라지면서 슬프다고만 생각했던 지난날이 다 나의 지금을 만들었고 그 슬픔을 이겨내고 지금의 행복한 삶을 살아가는 것도 책을 썼기 때문이다. '할 수 없다'라고 생각하고 한계 속에 자신을 가두어 놓았던 자신을 구속하여 '할 수 있다'의 나로 바꾸었고 한계의 감옥에서 자신을 구원하였다. 감옥에서 탈출한 나는 세상이 아름답게 보였고 도전하고 싶은 세상으로 바라보았다. 삶을 바꾸고자 했던 간절함으로 내면에 변화를 가져왔기에 삶이 변화되었다. 삶을 바꾸고 싶었으나 그 방법을 몰라 안달했을 때 책 쓰기라는 수단을 통해서 자신의 감정을 써내고 치유하였다. 한 권의 책이 나의 내면 상처를 다 보듬어 줄 수 없지만 책 쓰는 순간부터 점점 치유되면서 새로운 자신을 발견하게 되었다. 별 볼 일 없던 자신의 존재가 사랑스럽고 아름다워 보인다. 자신을 사랑하는 것이 우선이다. 세상에 태어난 목적도 자신을 사랑하고 이웃을 사랑하는 것이 목적이다. 삶의 의지와 개인적 욕구와 사회적 욕구를 만족시키는 책 쓰기 지금은 아무나 하는 시대다. 삶이 힘들고 지치고 아무런 의미도 찾지 못하고 절망하고 있다면 자신의 이름으로 된 책 쓰기에 도전하기를 바란다. 책을 쓰고 나서 자신의 존재감을 만끽하고 자신도 모르는 자신의 놀라운 능력을 한번 드러내 보라. 인간은 자신이 생각했던 것보다 훨씬 더 위대한 존재이다. 누구나 내면에 다듬지 않은 다이아몬드 원석을 가지고 있다. 갈고 닦으면 반짝반짝 빛이 난다. 누구나의 삶이 소중하다. 사람마다 세상을 살아오는 지혜와 깨달음, 경험과 노하우가 있다. 그것을 책에 써내면 한 권의 책을 완성할 수 있다. 단지 책 쓰는 방법을 몰라서 책을 써내지 못한다. 자신의 이름으로 된 책을 세상에 내놓으면서 위대한 자신을 발견하라. 새로운 인생 2막이 열릴 것이다.

책 출간 후 자존감 상승은 기본이다

어릴 때부터 부모로부터 받아온 비교 받는 삶은 나를 낮은 자존감으로 세상을 제대로 살지 못하도록 하였다. 부모님은 나를 사랑한다고 하지만 그들은 늘 비교했다. 지금도 부모님 눈에는 내가 하나도 자랑스럽지 못한가 보다. 자기 노릇을 못 하면서 어릴 때 한동네에 살던 다른 아이들과 비교한다. 앞집에 살던 누구는 지금 돈 잘 벌어서 중국 큰 도시에 아파트를 샀고 뒷집의 누구는 매달 부모 용돈 얼마를 드리고. 이렇게 자기들이 낳은 자식이 하나도 자랑스럽지 못한 부모는 말로는 사랑하지만, 그들은 아직도 사랑을 모르고 있다. 이전에는 모든 것을 부모 탓을 많이 했다. 그러나 지금은 부모를 이해한다. 배우지 못하고 책 한 권 읽지 않은 부모이기에 나 같은 자랑스럽지 못한 딸로 키운 것이다. 나는 내가 자란 과정이 가슴이 아프기에 그 사실을 알고 난 뒤로부터는 아이들에게 내 부모와 같은 방법을 강요하지 않는다. 본인이 하지 않는 일을 더 강요하지 않는다. 내가 먼저 변화하기 위하여 노력한다. 꿈을 가지고 변화되어 가는 모습을 아이들에게 보여주니 아이들도 따라서 변화되어 간다.

책 쓰기 이전의 삶을 되짚으면 자꾸 속상하고 자존감이 떨어진다. 그래서 더 이상 과거에 연연하지 않고 미래를 생각하고 꿈꾼다. 지나간 세월 20여 년은 정말 많은 시간을 낭비하였다. 그러나 이제는 더 이상 시간 낭비를 하지 않기로 했다. 하고 싶은 일을 명확히 알고 그 일을 하나씩 이루어 가고자 몸부림친다. 인생 첫 책을 쓰면서 더 이상 자존감 없는 존재로 살아가지 않기로 결심했다. 내 삶을 가만 놔두고 흘러가는 대로 흐르면 뜻밖의 변화가 오지 않는다는 사실을 너무 잘 알고 있다. 어제의 나와 다른 나를 만들어 가기 위해 자신을 매일 갈고 닦는다. 자존감도 가만히 있는데 올라가는 것이 아니다. 생각하는 관점을 바꾸고 세상을 바라보는 눈을 재설정하면서 꿈도 소망도 다시 재설정하였다. 나의 탓도 남의 탓도 않기로 했다. 내 삶의 주체는 나다. 주변 사람의 눈치를 보면서 삶을 살아가기 싫어졌다. 내 인생의 주인은 나다. 내가 그리고 생각하는 대로 내 인생은 펼쳐진다.

　나의 자존감은 책 출간 후부터 확실히 높아졌다. 원래는 '아무것도 할 수 없는 존재'였는데 내 이름으로 된 책을 출간했을 때 주변 사람들은 정말 대단하다고 했다. 많은 사람도 자기 이름으로 된 책을 쓰고 싶어 한다. 그렇게 어렵다는 책 쓰기를 나는 해냈다. 책 쓰기를 하면서 수많은 책을 읽고 지금도 책에 미쳐 산다. 시간을 내서 늘 독서하는 편이다. 언제든지 책은 항상 내 손이 닿는 곳에 있다. 필사하면서 책을 읽고 책을 읽으면서 필사한다. 내가 이렇게 책에 미쳐 살리라고는 아무도 알지 못하였다. 모든 것이 책을 쓰고나서 올바른 독서 습관을 지니게 되었기 때문이다. 독서하면서 나의 자존감은 서서히 올라가기 시작했다. 나는 생각처럼 못난 존재로 태어난 것이 아니었다. 이 세상에 태어날 때 존귀하고 소중한 존재로 태어났다. 사랑받고 사랑하는 존재, 하나님이 자기 형상대로 귀하게 지은 존재이다. 자신을 비하하는 삶이 나의 자존감을 낮추었다. 잘못된 상황이 일어나면 나 때문에 잘못됐다고 생각했다. 동생의 죽음도 나의 책임인 것 같았고 20여 년 동안 죄책감에 시달렸다. 죄책감, 자기 비하 이런 행동이 날마다 나를 죽인다는 것을 알게 되었다. 나는 나를 있는 그대로 수용하기 시작하였다. 내가 다른 사람보다 좀 늦더라도 결코 아무나 나에게 함부로 하는 존재가 아님을 알게 되었다.

나는 자신을 스스로 세워주기로 마음먹었다. 매일 자신을 세워주는 확언을 필사하면서 나의 존재를 한껏 끌어 올렸다. '나는 할 수 있어'라는 생각을 매일 하였다. 자신만의 독특한 달란트를 갖고 있고 내 안에 반짝반짝 빛나는 존재가 잠자고 있다는 것을 알게 되었다. 내 안에 위대한 존재가 있는데 여태 나는 그 존재를 외부에서 찾았다. 아무리 찾아도 내가 만족하고 좋아할 존재는 외부에 없었다. 시선을 외부에서 내면에 돌리는 데 긴 시간이 걸려서 드디어 내면에 그 모든 것이 있음을 알고 나를 바라보는 생각을 사랑스럽게 수용하였다. 요양원에 요양보호사로 일하지만 '나는 작가'라는 자부심이 나를 더 빛나게 한다. 출근 전 내 글이든 남의 글이든 쓰는 행위는 나를 점점 더 빛나게 해준다. 성장을 원하는 것은 지극히 정상적인 행동이다. 작가는 자신의 소리를 세상에 드러내는 것이다. 깨닫고 느끼는 것을 세상에 반영한다. 매일 쓰는 삶이 나의 자존감을 살린다. 자존감을 살리려고 노력하는 편이 주어진 대로 사는 것보다 훨씬 낫다. 적은 노력이라도 하기에 노력에 따른 변화가 일어난다.

   자신의 자존감 상승은 자신을 인정하고 수용할 때 생겨난다. 그동안 자신을 미워하였기에 남도 미웠고 세상도 미워 보였다. 내 마음속의 것을 세상에 투사하기 때문이다. 이제 자신을 우선으로 사랑하고 주변 사람들을 사랑할 수 있다. 교회에 다니면서 나는 예수님의 '사랑하라'는 계명을 이해하지 못하였다. '나'를 사랑하는 마음이 넘쳐

날 때 이웃을 사랑할 수 있다. '나'를 사랑하지 못하는 사람은 절대 이웃을 사랑하지 못한다. 우리는 서로 연결되어 있음을 알게 되었다. 나는 지금도 출근 전 자신의 자존감을 최대로 끌어 올린다. 내 안의 위대한 존재를 날마다 깨워서 성장하도록 한다. 성장하지 않고 멈추면 퇴보한다. 자존감을 항상 세 가지 뜻으로 해석한다. 스스로 존재하는 자존(自存), 그리고 스스로 존중하는 자존(自尊), 사랑하고 존중하는 자존(慈尊), 살아 있다는 것을 인정하고 존중하고 사랑할 때 자존감이 만족을 얻는다. 자존감이 있는 사람은 자기책임을 잘 알고 어떤 상황에도 굴복하지 않고 남 탓을 하지 않는다. 있는 대로 인정하고 문제가 있으면 문제에 매이는 것보다 해결하는 방법을 찾아내려고 한다. 초연함이 따르는 것이다.

이전에는 보고 듣는 것으로 인하여 아무 정보나 무차별하게 받아들이고 상처받았다. 그리고 삶이 힘들다고 불평불만 했다. 그러나 책을 읽고 쓰면서 불평불만 대신 더 넓은 범위에서 생각하게 되고 안되는 방법보다 되는 방법을 찾게 되었다. 생각만 하던 데서 생각을 실천하는 방법을 알게 되었다. 흔들리는 마음을 바로잡을 수 있고 잘못된 마음가짐을 올바른 마음가짐으로 교정하고자 하는 용기도 가지고 있다. 사람들은 '사람은 고쳐 쓰는 것이 아니다'라고 말한다. 그러나 다른 사람을 고치는 대신 '나'를 고치면 다른 사람도 세상도 다 고쳐지는 것이다. 모든 삶은 '내가' 우선이다. 내가 먼저 변화되고 손 내

밀고 이해하고 용서하고 손해 보고 양보하고 하는 행위들이 결코 자존감 낮아서가 아니다. 그들이 자존감 높기에 기꺼이 당해주고 헌신할 수 있다. 자존감 높이는 데 노력하는 만큼 독서하고 생각하는 삶은 모난 부분이 다듬어지고 더 아름답게 발전 되어간다.

책 출간 후 자존감이 상승하였다. 《성경》에도 〈여호수아〉 서에 이스라엘 12명 정탐꾼이 가나안땅 정탐하러 가서 10명이 현실에 잡혀 자신을 하찮은 메뚜기에 비하고 가나안 주민은 거대한 존재로 표현하면서 움츠러들 때 여호수아와 갈렙만이 자신들은 하나님의 선민으로 하나님이 함께하는 위대한 존재로 인식하였다. 결과 이스라엘 사람들은 가나안 땅에 성공적으로 들어가고 역사는 자신이 위대하다고 믿는 사람들에 의해 진보하고 발전하였다. 요양보호사직업은 자존감 낮은 사람은 절대로 할 수 없다. 치매에 걸린 노인들이 대부분이기에 말을 함부로 하고 폭력적일 때가 있다. 그런 말과 행동에 초보 요양보호사는 마음에 상처를 입기도 한다. 우리 요양보호사 팀장이 자주 하는 말이 있다. '우리는 하인이 아니다. 당당하게 국가 자격증 시험에 합격하고 자격증을 소지한 우리이기에 자부심 느끼고 어르신 케어를 해야 한다. 우리는 사랑의 마음을 가지고 스스로 기꺼이 헌신하고 어르신들의 손발이 되기를 자처한다.' 요양보호사끼리도 존중하고 높여주고 스스로 낮추지 말라고 한다. 그래야 어르신들도 우리를 대하는데 존중하고 함부로 하지 않는다는 것이다. 자신이 자신을 하대할 때 다른 사람도 나를 하대하게 된다. 내 안에 있는 위대한 존재를 깨우고 자존감을 세워 삶이 더 아름답게 변하도록 오늘 아침도 초고 한 꼭지 쓰기를 도전한다. 글쓰기는 나의 자존감을 높여주고 알게 모르게 나의 삶을 단단하게 만들어 주기 때문에 매일 새벽 도전하는 것이다.

세상을 보는 관점이 달라진다

전에 박용후 작가의 강연회에 가서 강연을 들은 적 있다. 처음으로 어떤 저자의 강연회를 찾아갔었다. 그의 강연에서 세상은 나의 관점의 변화에 따라 같은 문제를 다르게 해석할 수 있다는 사실을 깨달았다. 똑같은 문제를 사람마다 보는 눈이 다르다. 경상도 사람들은 억양이 세다. 처음 시집을 왔을 때 나는 시댁 식구들이 왜 날마다 고함지르고 싸우느냐고 남편에게 자주 물었다. 내가 무엇을 잘못한 것만 같아서 늘 마음이 불안했다. 그럴 때마다 남편은 싸우는 것이 아니라 원래 경상도 사람들은 싸우듯이 말한다고 했다. 경상도에서 살다 보니 나의 억양도 점점 커졌고 서울 쪽에 볼일 있어서 가게 되면 내가 싸우고자 하는 줄로 안다. 부드럽지 못하고 무뚝뚝하고, 그러나 속만은 깊은 경상도 사람들이다.

  처음에 책을 읽지 않던 때 나는 세상을 바라보는 것이 온통 회색뿐이었다. 인생이 별 볼 일 없이 그저 사는 대로 생각하게 되었다. 항상 현실이라는 상황에 매여 앞을 보지 못하고 미래를 열어갈 힘을 몰랐다. 늘 편협한 사고로 살다 보니 삶이 힘들고 지치고 한계라는 감옥에 갇혀 자신을 스스로 가두었다. 살면서 믿음으로 다른 사람한테 했던 인생 고민 같은 것은 다시 나에게 돌아와 나를 찌르고 했다. 나에 대한 믿음조차 없이 아무도 믿지 않고 세상에 살면서 세상과 등졌다. 입을 닫고 들려지는 모든 소리를 다 들어가면서 자신의 속은 점점 더 타들어 갔다. 좋은 정보 나쁜 정보를 가리지 못하고 다 받아들이니 속에서는 썩은 냄새가 나기 시작했다. 늘 부정적으로 바라보고 부정적인 세상은 나에게 복수를 하듯이 점점 살아가는 게 힘들어서 숨조차 쉬지 못하였다. 항상 가슴이 답답해서 살짝만 건드려도 화를 내고 아이들도 가정도 잘 돌봐갈 힘조차 없었다. 나는 누군가가 '내가 예수라'고 하면서 나에게 구원의 손길을 내주기를 바랐다. '내가 예수라'고 내 인생을 이끌어 줄 사람이 나타날 줄로 알았다. 교회를 다니면서 그저 종교 생활을 했다. 그러나 내가 그리던 그런 일은 일어나지 않았다. 나는 스스로 구원하고 스스로 한계라는 감옥에서 탈출하기로 했다. 책을 미친 듯이 읽고 필사하면서 나의 세상을 바라보는 관점이 점점 달라지기 시작했다. 나는 먼저 내 자신을 사랑하기로 했다. 먼저 자신이 진정으로 무엇을 원하는지를 알려고 했었다. 처음에는 내 인생은 모든 것이 운명처럼 주어지고 그저 그 운명대로 산다고 생각했던 내 생각이 점점 바뀌어져 갔다. 운명도 스스로 바꿀 수 있다는 것이다. 자기계발서를 읽으면서 자수성가한 성공자들, 그들은 나보다 더 어려운 상황에서 인생의 가치를 깨닫고 성공하였다. 그들에게 운명이 주어지지 않았고 모든 것이 그저 원하는 것을 이루어 가는 과정임을 알게 되었다. 모든 원인이 나에게 있음을 알게 되었고 누군가가 나를 사랑해 주기를 바랐고 나의 인생을 타인이 구원해 주기를 바랐다. 나의 문제는 내가 삶의 주체가 아니라 누군가에게 내 인생을 걸고 맡기고자 했다. 자신을 믿을 수 없으니 남이라도 믿으려고 했던 것이었다.

내가 주인 아닌 삶에서 벗어나고 싶은 간절함으로 도전한 책 쓰기는 실제로 내 삶을 바꿔주기 시작했다. 처음에는 어떤 상황이 있어도 인생 첫 책을 완성하겠다는 하나의 마음만 먹었다. 책 쓰는 과정에 며칠은 쓰기 힘든 날들도 있었다. 그러나 초고를 완성해야 책이 나온다는 말에 전심 다 해 초고 완성을 하였고 책이 출간될지 안 될지도 걱정하고 불안해했지만, 모든 과정은 출간으로 잘 이어졌고 첫 인생 책이 마침내 출간되었다. 나는 자신에게 책을 써낼 힘을 가지고 있음을 놀랐다. 아무것도 '할 수 없다'라는 내 인생이 누구도 쓰기 어려운 인생 첫 책을 써내고 '나도 할 수 있구나'라는 마음이 들면서 자신을 바라보는 관점이 달라졌다. 나를 바라보는 관점이 새로워지고 자신에게 큰 능력이 숨겨져 있음을 믿기 시작했다. 자신을 믿고 인정하는 모습이 먼저 자신을 사랑스럽게 여기는 길이다. 나를 믿으니, 나의 앞으로의 변화도 믿을 수 있게 되었고 점점 내가 되고 싶은 사람으로 변해갔다. 인생 첫 책을 쓰고 나서 책 한 권 읽지 않던 내가 독서에 미칠 정도로 바뀌었고 필사와 내 마음을 드러내는 것에 익숙해졌다. 세상을 바라보는 눈이 점점 바뀌어 갔다. 어려운 책 쓰기에 성공했으니 다른 모든 것들도 내가 마음먹고 한다면 해낼 수 있을 것 같았다. 해보지 못한 사람은 그저 자기 생각으로 각종 핑계를 대면서 변화를 시도하지 못하고 늘 안일한 삶에서 그저 사는 대로 살아간다. 그렇게 살아가는 인생이 가슴이 막히고 답답하기만 하다. 해본 사람은 점점 새로운 꿈이 생긴다. 평생 책 한 권 쓰는 것이 80년 인생의 목표이고 꿈이었다면 나는 이미 그 꿈을 완성했다. 그러나 안일하게 이미 꿈을 이루었으니 이제 책 쓰기를 하지 않아도 된다고 생각하면 오산이다. 책 한 권 쓴 사람은 절대 책 한 권으로 책 쓰기 인생을 끝내지 않는다. 한 권 써본 사람은 평생 자신의 삶을 책으로 남기고 싶은 욕망이 새롭게 생긴다. 나 역시 첫 인생 책 쓸 때는 한 권만 쓰고자 했지만, 책을 써내고 나서는 계속 책 쓰기에 도전했고 같은 해에 공저 포함한 6

권의 책에 내 이름을 써놓았다. 그리고 평생 책을 쓰면서 내 삶을 남기고 싶다는 새로운 꿈이 생겼다. 꿈 하나를 이루니 마치 감자나 고구마처럼 줄줄이 다른 꿈들이 생겨나고 그것을 하나하나 이루어 갔다.

 꿈 하나 없던 내가 삶을 바꾸겠다는 의지로 인생 전체가 바뀌어 갔다. 이제는 더 많은 꿈이 생겨났고 그것들을 하나씩 이루어 가는 재미에 삶이 점점 더 재미있어졌다. 이전에 처음 요양보호사 할 때는 나는 어르신들 상황을 이해하지 못하였다. 내 몸이 어르신들처럼 아프지 않고 그들처럼 타인의 도움이 필요하지 않기에 그들의 처지에서 생각하지 못하였고 나로서 그들이 맞춰주기를 바랐다. 그러니 일을 하면서도 어르신의 말 한마디에 상처받고 어르신들과 언쟁할 때도 있었다. 물론 경력 부족이고 자신은 젊고 아직 타인의 도움을 받는 상황이 아니라 타인을 도와준다고 생각하는 관점에서 바라보기 때문에 일종의 젊다는 우월감을 가졌다. 그러나 책을 쓴 이후로는 어르신에 관한 책과 죽음 질병 여러 가지 책을 닥치는 대로 읽으면서 나의 관점이 바뀌었다. 어르신에 대한 노화를 자연스럽게 받아들이고 인정하고 그들을 영혼으로 바라보기 시작했다. 영혼으로 바라볼 때 그들과 나는 하나이고 같은 존재이며 젊다고 그들보다 우월하지 않으며 그들이 호흡이 있는 한 그 약하고 퇴화한 몸속에 빛인 영혼이

들어있음을 깨닫는 순간 그들이 사랑스럽게 보인다. 요양보호사 일을 하면서 점점 어르신에 대한 나의 관점의 변화는 어르신들에게 사랑을 보낼 수 있도록 이끌어 간다.

  책을 쓰고 세상을 바라보는 관점이 달라졌다. 요즘 새로 요양원을 이직하였기에 새롭게 법정 의무교육을 이수해야 한다. 노인 인권 교육, 학대 신고 등 여러 가지 우리의 인식을 높여줄 수 있고 요양보호사의 관점을 바꾸는 교육을 받는다. 교육 중에 한 사례가 있다.
"그녀는 가만히 누워있고 때로는 큰 소리로 울기도 하고 때로는 웃기도 하고 때로는 무작정 떼를 쓰기도 하지만 그녀는 아무 말도 못 한다. 그녀는 어떤 때는 알아들을 수 없는 자기 수리를 할 때도 있다." 요양원에서 받는 교육이라 당연히 처음 그녀를 생각할 때 어르신인 줄 알았다. 그것이 우리의 관점이다. 그러나 그녀는 요양원 어르신이 아닌 갓난아기였다. 요양보호사가 듣는 강의기에 요양원의 할머니인 줄 알았던 그 고정관념이 그녀가 갓난아기라는 사실에 뒤집히는 것이다. 우리 각 사람도 자신의 성장환경과 주변 환경 예 따라 자신만의 고정관념을 갖고 있고 그 고정적인 관념으로 다른 사람을 평가하고 판단한다. 내가 그렇게 생각하니 다른 사람도 나처럼 생각한다고 여긴다. 그러나 다른 사람은 다른 사람일 뿐 그는 나의 생각하는 바와 다른 생각 하고 있다. 내 고정적인 관념으로 자신을 과

소평가하지 말고 '할 수 없다'의 생각으로부터 자신을 스스로 구원하여 '할 수 있다'의 생각하는 것이 좋으며 제한된 생각으로 나에게도 남에게도 한계를 짓지 않는 것이 현명하다. 자신의 존재를 인정하고 믿어주고 사랑해 주고 할 때 우리 내면에 아름다움이 생기고 그 아름다움을 세상에 나타낼 수 있다. 자신이 사랑스럽다고 믿는 믿음이 우리의 관점을 더 아름답게 해준다. 아름다운 눈으로 세상을 바라볼 때 세상은 더없이 아름답고 사랑스럽다.

시련도 하나의 축복이다

지금 내 나이 40대 중반이다. 이제까지 살아온 삶이 힘들고 지친다고 해도 지금의 나를 이루어왔다. 삶이 힘들다고 느꼈기에 책 쓰기에 도전했고 오늘 새벽에도 어김없이 4시에 기상해서 개인 저서 초고를 쓰기로 노트북 앞에 앉았다. 몇 꼭지 남지 않은 초고 완성하고자 하는 마음과 선포한 날이 훨씬 넘었지만, 아직 완성하지 못한 초고 쓰기에 신경이 쓰여서 밤새도록 책 쓰는 데 관한 꿈을 꾸었다. 나도 몰래 완성되지 못한 것들이 부담감을 주었고 긴장감을 주었다. 처음에는 몸이 좀 아프다고 초고 한 꼭지를 안 썼고 감정 기복이 있다고 안 썼고 점점 안 쓰는 것을 자꾸 합리화하다 보니 어떤 날은 며칠 동안 초고 한 꼭지 쓰지 못하였다. 초고 쓰기 속도는 점점 더뎌져 가고 마음속으로는 미루는 데 대한 부담감이 몰려왔다. 이제 마무리를 빨리 하고 싶다. 개인적으로 자꾸 미루면 물론 올해 개인 저서 1권 쓰기는 나와의 약속이기에 이루어도 그만, 안 이루어도 그만이다. 그러나 이미 온라인에 선포한 약속은 개인 약속뿐 아니라 전 세계에 대한 약속이다. 어찌하든 나는 완성하고 개인 저서를 마무리 지을 필요가 있다. 계속 미루다가 80% 이상을 해놓고도 결과를 가져오지 못할 수도 있다.

사람들은 삶이 고난의 연속이라고 한다. 아기가 태어날 때 주먹을 불끈 쥐고 큰 소리로 울면서 태어나는 것은 '이 험한 세상을 어찌 살아갈까?' 하고 우는 거라고 말한다. 어느 집에나 바람 잘 날이 없다. 누구나 살아가면서 많은 고난을 겪고 그 고난 속에서 사랑과 인내와 아픔과 교정을 배울 수 있다. 왜 나만 겪는 고난이냐고 불평도 해봤다. 그러나 불평한다고 결과는 달라지지 않았다. 불평할수록 점점 불평거리가 생겼고 인생을 산다는 것이 너무 힘이 들었다. 오죽하면 지금처럼 물질이 풍족한 세상에 자살률은 늘어가고 행복지수는 떨어지고 N포 세대는 늘어나고 있지 않는가? 각자에게 자신만의 삶이 주어진다. 잘난 사람은 잘난 대로 못난 사람은 못난 대로 살아가는 동안에 각자가 완성해야 할 소명이 있다. 그러나 우리는 왜 자신이 살아가야 하는지? 무엇을 위해 살아가야 하는지를 잘 몰라서 많은 방황을 한다. 어디로 가는 길이 정답인지 아무도 장담할 수 없다. 스스로 인생 방향을 선택하고 가다가 아니다 싶으면 다시 돌아와 다른 방향으로 가보고 하면서 세월은 지나가고 우리는 항상 원점에 있다. 나이 들어 아무것도 이루어 놓은 것은 없고 몸은 점점 노화되어 기력은 점점 떨어지고 삶이 허무할 수밖에 없다.《성경》<전도서>에 '전도자가 이르되 헛되고 헛되며 헛되고 헛되니, 모든 것이 헛되도다'(1장 2절)라고, 쓰여 있겠는가? 나는 문자로 받아들이면서 모든 것이 헛되기에 사람의 운명은 굳이 노력하고 애쓸 필요도 없고 그저 주어진 헛된 운명을 살아야 한다고 믿었다. 나의 잘못된 믿음으로 나는 20여 년의 세월을 낭비했다.《성경》을 읽으면서 문자 그대로 읽고 의미를 이해하지 못하니 삶을 이해할 수 없었다. 자기계발서들을 성경과 함께 읽다 보니 나는 점점 의식에 변화를 일으켰다. 우리의 운명은 원래 고난받기 위해 이 세상에 온 것이 아니다. 우리는 삶을 체험하고 경험하기 위해 이 세상으로 왔다. 세상을 바라보는 관념이 고난에서 체험으로 바뀌어졌다.

저번 선거 날 딸아이의 작은 소망으로 계속 미루던 데이트를 하기 시작했다. 딸아이는 어릴 때부터 부모를 특별히 좋아하고 따르는 성격이다. 우리는 아이들 어릴 때는 물놀이도 자주 갔는데 점점 아이들이 커가고 10살 전후부터는 어디를 가려고 해도 늘 바빠서 갈 수 없었다. 아이들이 부모의 바쁜 사정을 잘 알기에 철이 일찍 들었고 주말 나들이도 바라지 않았다. 그러다 어쩌다 아이가 용기를 내서 선거 날 학교도 쉬고 마침 그날 휴무라서 같이 가기로 했다. 아이는 엄마와 데이트한다는 사실에 전날 저녁부터 한껏 들떠 있었다. 별거 아니지만 둘째 아이와 막내 아이, 그리고 나와 2명이 딸 세 명이 영화도 보고 시내 구경거리들도 보면서 맛있는 것도 사 먹을 거 생각하면서 가득 기대했다. 막내는 전날 1박 2일로 수련회 갔다 와서 힘들다면서 집에서 빈둥거리는 것이 더 좋다고 해서 둘째 아이와 둘만 가기로 했다. 얼마 만에 둘째와만 데이트하는지 삶이 바쁘다는 이유로 계속 미루던 일이었다. 우리는 생각했던 대로 영화도 보고 맛있는 것도 사 먹으면서 하루의 시간을 가졌다. 점심 식사 후 아이와 함께 헌혈의 집에 가서 몇 년 전부터 하고 싶었던 헌혈도 했다. 인생 첫 헌혈을 하는 나는 자부심도 느꼈다. 아이에게 좋은 모습을 보여주었고 또 자기와의 미루던 약속도 한 가지씩 해냈으니 뿌듯하다.

책 쓰기 전 나는 성공이란 부자가 되고 돈을 많이 버는 삶이 성공한 삶이라고 생각했다. 그러나 책을 쓰면서 부자를 바라보는 눈이 달라지기 시작했다. 자수성가한 부자는 경제적인 면에서 여유롭고 자신이나 가족에게, 사회를 위해 최고의 선택을 할 수 있으며 최대의 유익을 남기는 것이다. 부자일수록 더 많은 책임감을 느끼고 사회에 더 많은 기여를 한다. 그들의 삶은 원하는 것을 위해 도전하고 이루고 또 새롭게 도전하는 것이다. 그들은 결코 작은 성공에 머물러 있지 않고 더 높은 단계로 자신을 끌어 올린다. 더 많이 가지고 더 많이 나누고 사회에 더 큰 가치를 제공하고. 그들의 삶은 점점 더 업그레이드 되어간다. 자신과 어떤 약속을 했는지 한번 깊이 생각하였다. 꿈이 없을 때는 어떤 것을 하고 싶은 욕구조차 없었지만, 인생 첫 책을 쓴 이후로부터 세상을 보는 관념이 바뀌어져서 모든 문제를 나로부터 찾기로 하였다. 삶이 힘들고 어렵다고 도망가고 싶다고 느꼈던 생각들이 바뀌어서 삶을 살만한 세상으로, 살아보고 도전해 보고 싶은 세상으로 생각하였다. 모든 것이 삶을 살아가는 과정인 것을 알게 된 후부터는 삶을 사는 것이 책을 쓰는 것과 같다고 생각하였다. 책 쓰기는 삶을 기록하는 과정이고 삶을 사는 것은 생명이 살아 있는 과정이라고 본다. 문제만 보이던 세상이 문제를 해결하는 과정으로 보이니 삶이 그리 어렵지 않다. 이미 삶의 본질을 알아버렸기에 제삼자 관찰자의 관점에서 삶을 바라보기 시작한 것이다. 삶을 바라보는 태도가 문제가 아닌 해결하는 과정이기에 같은 삶을 살지만, 마음속에 여유가 생겼다.

시련도 하나의 축복이다. 요양원에 계시는 어르신들한테 그들의 인생사에 관하여 얘기하다 보면 각자의 인생은 참으로 책 한 권에 담기는 턱없이 모자란다. 몇십 년, 혹은 근 백 년의 세월을 살면서 바람도 맞고 폭풍도 맞고 햇빛도 쐬었다. 그들은 몸으로 이겨내고 살아온 세월의 흔적들이 그들을 지치게는 하였지만 많은 추억을 담고 있다. 앞만 보고 달려오다 보니 이미 인생의 수많은 반복적인 우여곡절을 경험하고 이제는 내려놓고 덤덤하다. 치매 노인들이고 돌봄을 필요하지만, 그들의 몸에 묻어난 경험과 노하우는 우리가 배울 점이 많다. 가끔 정통을 찌르는 한마디 말에 깨달음을 얻을 때도 있다. 그럴 때 자신을 되돌아보고 마음을 다시 새롭게 장착할 수 있다. 고난의 연속인 삶을 견뎌내고 이겨냈기에 그들의 만년은 그나마 행복한 추억들이 많이 쌓이지 않았나 싶다.

우리에게 닥치는 문제는 나만 겪는 고난이 아니다. 인생을 살면서 거쳐야 할 문제와 문제 해결의 과정이다. 고난은 문제에만 집중할 때 문제가 고난이 되어버리고 내가 봐도 큰 태산이 되어 옮기 수 없고 앞길을 가로막는다. 가슴이 답답하고 미래가 막막해 보인다. 점점 더 나락으로 떨어져서 더 이상 내려갈 수 없을 때 올라가는 길밖에 없다. 문제를 인식하고 해결 방법을 찾고 집중하면 시간이 지나갈수록 해결된다. 그 당시는 큰 문제였고 도저히 해결할 수 없는 문제였던 것 같아도 시간이 지나 뒤돌아보면 별문제 아니었다는 것이다. 모든 것은 지나가고 새로운 것은 또 밀려온다. 하나씩 해결하다 보면 인생을 경험하면서 끝자락에 다다른다. 당신의 인생이 어렵고 힘들다고 느낀다면 생각을 한번 바꿔보자. 인생은 문제를 경험하는 과정이라고 보면 과정에는 결과가 따르기 때문에 해결하지 못한다고 한계에 잡혀있지 않는다. 과정이기에 실수해도 실패해도 수용이 된다. 자신에게 문제를 해결하는 과정이라고 좀 더 여유롭게 마음을 주면서 자신을 믿고 사랑하고 자신의 힘들고 아픈 것을 어루만져 줄 수 있는 여유가 있었으면 좋다고 생각한다.

세상일, 의미를 찾는 습관이 생긴다

누구의 삶이든 다 소중하다. 아무 필요 없이 이 세상에 존재하는 것은 하나도 없다. 존재하는 한 자체의 사명이 있고 삶이 주어진다. 나는 책 쓰기 전 그 사실을 몰랐다. 자존감이 낮아서 나 같은 사람은 하나님의 실수로 이 세상에 존재한다고 생각했다. 믿음이 왜곡되었다. 하나님이 아무리 나를 사랑한다고 《성경》에서 말씀해도 '나는 필요 없다.'라는 믿음을 떨쳐버릴 수가 없었다. 그 누구에게도 인정받아 보지 못하였기에 아무리 애써도 내가 그 누구에게도 필요한 존재인 것을 증명할 수 없었다. 삶에 의미를 모르는 인생이 후회스럽고 원망스럽고 억울했다. 모든 삶의 문제들을 만나면 도망가고 숨고 한 번도 정면으로 맞부딪친 적이 없었다. 삶의 의미를 모르니 방황하는 삶이 이어졌고 책을 쓰므로 삶에 의미를 부여하게 되었다. 내 삶에도 의미가 있다는 것을 알게 되었다.

인생 첫 책은 방황하는 상황에서 쓰기 시작했다. 평생에 한 권 써보고 싶은 작은 불씨를 활활 타오르게 하였다. '성공해서 책 쓰는 것이 아니라 책을 써서 성공하자'라는 말을 들으면서 내 인생을 뒤집기 시작했다. 삶을 바라보는 고정관념이 완전히 바뀌었다. 자신이 무능하고 아무 필요 없다고 느꼈던 믿음을 뒤집어 버리고 내가 아는 자신보다 더 위대한 존재를 깨우기 시작하였다. 책을 쓰면서 사례가 필요했다. 코치는 내가 살아온 세월 속에 일어난 일들이 사례가 된다고 했다. 어떤 이유든지 지금까지 꿋꿋이 삶을 포기하지 않고 내면의 위대한 존재를 깨우기 시작했다. 모든 순간이 소중하고 모든 삶은 하나의 과정이라고 생각한다. 어떤 상황에서 긍정적인 면과 부정적인 면이 존재한다. 긍정적인 면을 선택하면 긍정적인 결과를 나타내고 부정적인 면을 선택하면 부정적인 결과가 나타난다. 나에게 선택권이 있다면 부정적인 것에 싸여서 자아 연민을 불러일으키는 것보다 긍정적인 것을 선택해서 더욱더 창조적인 삶을 살아보려고 지금도 노력 중이다.

요즘 요양원에 낙상사고가 자주 일어났다. 2층의 한 어르신이 낙상 사고로 무릎과 엉덩관절이 다 부러져서 분위기가 심각한 가운데 우리 3층에서도 2건의 낙상이 며칠 간격으로 일어났다. 다행히 두 건 사고에서 어르신들 두 분이 무사했다. 원장으로서 책임 추궁하고 우리 요양보호사를 더 죄기 시작한다. 외부의 사건들을 볼 때 모두 불평거리이다. 그러나 내면에서 찾아보면 우리는 변명할 여지가 없다. 어르신 다치지 않은 것을 감사함으로 여기고 어르신들한테 더 신경 쓰고 한 번 더 라운딩해서 어르신들 안전하게 돌봐야 한다. 죄책감에 시달릴 필요는 없다. 일손이 부족하고 어르신들 수시로 돌발행동을 하는 것을 우리는 어찌할 수 없다. 좀 더 사랑하는 마음을 가지고 한 번 더 움직이는 것이 우리에게 제일 나은 선택이다. 나는 지금도 요양보호사 업 무력을 높이려고 노인에 관한 많은 교육을 받고 있다. 법적으로 지정한 의무교육 외에도 〈분노 조절 상담사〉, 〈노인 심리상담사〉, 〈병원 동행 매니저〉 등 노인을 위한 교육을 받았고 자격증도 취득했다. 스스로 받는 교육이라서 나의 자존감을 더 높여준다. 우리 요양보호사들도 스스로 질을 높여야 한다. 삶의 모든 순간에 의미를 부여하여 지금에 충실히 할 수 있다. 모든 것을 기록하고자 하는 작가의 마음을 가지고 기록하는 것들이 사례가 될 수 있다는 사실을 너무나 잘 알기에 나는 주변에서 일어나는 일들이나 사람에 대해 관찰하는 습관을 지니기 시작했다. 남을 보면서 나에 대한 거울효과를 일으키고자 하고 나를 관찰자 제삼자의 입장에 놓았을 때 내 삶이 생각했던 것보다 훨씬 쉽게 펼쳐졌다. 아무런 방법도 모르고 어떻게 헤쳐 나갈지 몰랐기에 삶을 포기하고자 했던 못난 생각도 해보았다. 작은 일에 의미를 두기 시작하자 힘들게만 느꼈던 삶이 점점 더 보람 있다.

　작은 것에 의미를 두는 삶이 행복이 가까이 있음을 알게 하였다. 행복은 원래 외부에 있는 줄 알았는데 모든 것은 내면에서부터 겉으로 드러난다. 외부의 세상은 우리 각자의 내면에서 투사된 세상이다. 행복하다고 느낄 때 행복한 일들이 일어나고 불행하다고 느낄 때 불행해진다. 자신의 보는 대로 믿는 대로 세상이 된다. 현실에 우리의 시선을 고정하지 않고 꿈이나 이상을 가져야 한다. 현실만을 볼 때 우리는 낙심하고 절망하게 된다. 현실은 우리를 경험하고 체험하게 만든다. 부정적인 생각으로 부정적인 현실을 만들어 내고 긍정적인 생각으로 긍정적인 현실을 만들어 내는 만큼 현실만 보고 집중한다고 한계의 속박에서 벗어날 수 없다. 꿈을 가지고 이상을 가졌을 때 우리의 생각은 무한대로 뻗어나가고 현실에서 되는 방법을 가지게 된다. 나는 항상 자신을 긍정적인 생각으로 채우기 위해 노력한다. 핸드폰에 긍정 확언 앱을 깔아놓았는데 수시로 자신을 긍정적인 상태에 끌어 올릴 수 있도록 긍정적인 한 구절이 화면 터치할 때마다 다른 긍정적인 구절로 힘을 준다. 해이해지던 마음도 그 구절 한번 보면 다잡아지고 자신을 세워준다. '나는 내 삶의 모든 변화를 용기 있게 맞이한다.' 이런 간단한 문구를 한 구절씩 보다 보면 내면에 용기가 생긴다. 사람이 항상 긍정적인 생각을 하기 어렵다. 조금만 자신을 가만히 놔두면 주변에서 일어나는 일들로 부정적인 생각들이 자주 일어난다. 긍정적인 생각은 의도적으로 해야 하고 부정적인 생각은 가만히 있어도 저절로 생겨난다. 그동안 얼마나 부정적인 생각에 사로잡혔는지 알 수 있다.

  집에서 가깝고 입소 인원이 비교적 적은 편안한 요양원에서 하루 몇천 보 걸었고 업무시간에도 앉아 있을 시간이 더 많았다. 그러나 더 큰 요양원으로 이직해서 하루에 만 보 이상을 걸어야 하기에 집에 오면 몸은 더 많이 지쳐 있다. 처음에는 몸이 더 고달프다고 생각하니 마음이 불편했다. 바로 나오는 후회의 감정을 다잡고 생각을 고쳐먹기로 했다. 지금 내 나이 마흔 중반, 건강을 위해서라도 하루에 시간 내서 만 보를 걸으면 좋다고 생각하지만 지금 일부러 걸을 필요가 없다. 직장 다니는 자체가 하루에 만 보 이상을 걸으니, 운동이라고 생각할 때 우리의 뇌는 운동하는 줄로 착각하고 지방도 태울 수 있다. 한 달에 2~3킬로 빠진다. 몸이 가벼워지고 돈 벌면서 살을 뺀다고 생각하였다. 직장 잘못 이직했다고 억울하던 생각이 긍정적인 생각으로 바뀌니 직장 일이 고달프지 않게 느껴진다. 우리가 생각하기 나름이다. 불평하는 사람은 어떤 상황에서도 불평거리만 찾고 불평과 탓을 한다. 적성에 맞지 않는다고, 월급이 낮다고 같은 종류의 다른 직장으로 이직하고 하는 일들이 반복적으로 일어난다. 어떤 문제를 해결하기 어려워서 도망가면 그것이 다른 곳에서 더 큰 문제로 우리 앞에 나타난다. 어렵고 힘든 일들을 용기 내어서 해결하고 정면으로 맞부딪칠 때 그 문제는 해결할 수 있게 되고 그 문제를 해결하는 과정에서 용기와 자신감을 얻을 수 있다.

책 출간하고 세상일 의미를 찾는 습관이 생겼다. 작은 것 하나가 두렵다고 숨는다면 발전할 수 없다. 일에 의미를 두지 않으면 낮은 단계의 문제에 붙잡혀 더 이상의 성장을 할 수 없다. 작은 일들을 해결하면 더 큰 어려운 일들이 닥치고 반복적으로 해결하는 가운데서 성장해 나간다. 즉 우리의 성장은 힘들고 어려워서 포기하고 싶을 때 포기하지 않고 계속해 나갈 때 이루어진다는 사실이다. 책을 쓰면서 몇 번이고 '내가 성공하지 못하고 있는데 책을 왜 써? 어떤 메시지를 독자에게 줄 수 있을까?' 등 많은 생각에 사로잡혀 글이 써지지 않을 때 포기하고 싶었다. 포기했으면 책이라는 결과는 나오지 않았고 변화와 발전은 더 이상 꿈꿀 수 없었다. 그러나 그 시기를 이겨내고 변화와 발전을 가져왔기에 책이라는 결과물이 완성되었다. 책을 썼기에 삶의 의미를 부여할 줄 알게 되었고 나름대로 삶을 바라보는 관점을 바꾸기 시작했다.

내 삶이 소중하다는 것을 깨닫는다

　사람들은 직업에 귀천이 없다고 말한다. 그러나 실제 생활 속에서 동창 모임이나 기타 모임 같은 데 가면 외부적인 것으로 사람을 판단하고 잘난 사람, 못난 사람을 편 가르기를 한다. 다른 사람의 눈치를 보면서 그들의 발걸음에 맞춰 자신의 삶을 이어 나가고자 할 때 삶은 버겁기 시작했다. 본인이 삶의 주체가 되지 못하고 타인이 내 삶의 주인이 되니 삶이 슬프고 허무하게 느껴졌다. 행복을 찾아서 멀리멀리 돌았고 결국 나 아닌 외부에는 행복이 없었다. 나의 내면에서 행복이 나왔고 내면의 변화가 나를 더 성장시킨다. 스스로 내면의 소리에 귀를 기울이고 삶을 변화시켜서 삶의 주인 된 자리에 앉았다. 내 인생은 내가 주연이고 주변 사람들은 모두 조연이다. 그의 인생에서 그가 주연이고 다른 사람들은 조연이다. 삶이 소중하다고 느낀 순간 나는 주변 사람들의 삶이 소중함을 느낄 수 있었다.

책을 쓰고 나서 내 삶도 소중하다는 것을 깨달았다. 스스로 별 볼일 없는 인생이라고 생각했을 때 인생은 별 볼 일 없었다. 불평거리만 있는 삶을 내가 만들었다면 내가 원하는 삶도 내가 만들어 갈 수 있다는 마음이 들었다. 그저 운명이 주어졌고 스스로 팔자가 나빠서 행복한 삶을 살지 못한다고 생각했고 나는 행복할 자격이 없다고 생각했기에 삶을 변화시키려고 노력조차 하지 않았던 것이 제일 큰 잘못이었다. 모든 것이 내가 선택하는 대로 이루어지고 책임이 따르는 것이다. 인생 초반기를 잘못 살아왔으니 이제 후반기는 잘 살아가도록 내가 선택하면 되는 것이었다. '할 수 없다는 생각'이 책을 쓰고 나서 완전히 뒤집히면서부터 삶은 바꿀 수 있다는 확신이 생겼다. 매일 새벽 하는 필사는 다른 사람 보기에는 아무것도 아니지만 나에게 엄청난 변화를 일으켰다. '할 수 없다'에서 '할 수 있다'로 기본전제를 바꾸어 주었다.

책을 쓰고 나서 사람들이 평범한 내가 책을 쓴 것을 부러워한다. 목표를 세우고 계획을 세워 행동으로 이루어 내는 성공하는 방법은 다른 일들에 똑같이 적용되었다. 최근에 취득한 〈ESG컨설턴트 자격증〉과 〈병원 동행 매니저 자격증〉 취득도 마찬가지였다. 오직 하나의 목표를 세우고 그것 만 원하고 온 마음을 집중하여 공부하고 자격증 취득을 하였다. 흐트러져 있던 수많은 계획은 하나씩 완성해 나가고 있었다. 삶이 원하던 것을 이루어 가니 점점 더 아름다워 보였다. 헌혈 역시 수년 동안 해보고 싶었지만 미루었고 하지 못하던 것을 용기 내 헌혈을 했다. 아이들과의 데이트도 늘 돈이 없어서 못 한다고 생각했지만, 데이트도 시간 내서 해 봤다. 대부분 사람은 계획을 그저 생각 속에서 세운다. 그리고 그에 맞는 생각을 실천하지 못한다. 책을 쓰겠다고 계획만 세웠으면 나도 아직 책을 쓰지 못했을 것이다. 죽기 내기로 책을 쓰겠다고 결심하면서 오로지 책 쓰기에만 나의 의식을 집중시켰기에 인생 첫 책을 써내지 않았던가. 매일 하는 필사가 실제 행동을 불러일으켰다. 생각만 하던 삶이 행동하는 삶으로 변화되니 삶이 즐겁고 여유가 있게 되었다. 무거운 마음속의 짐들이 하나씩 해결되어 가니 삶이 점점 가벼워지기 시작했다.

어떤 새로운 일에 도전할 때 두려움이 생기는 것이 당연하다. 그러나 그 두려움 때문에 하고 싶은 일을 하지 못하고 있으면 계속 짐이 되어 삶이 버거워진다. 두려움을 극복하는 방법이 행동하는 것이라는 사실을 깨닫고 하고 싶은 것을 일단 시작한다. 잘할지 못할지 결과를 걱정하지 않고 그저 시작한다. 하다 보니 결과가 나온다. 책 쓰기도 마찬가지다. 처음에 '나 같은 사람이 할 수 있을까?' 걱정하는 순간 '할 수 없다'라는 결론이 나왔다. 많은 사람은 책 쓰기는 나와 상관없는 일이라고 생각한다. 그러나 책 쓰기를 원하면 그냥 코치를 찾아서 배우고 썼더니 책이 완성되더라. 수많은 생각들이 얽혀서 삶이 복잡하게만 생각되었다. 현자는 삶을 단순하게 산다. 생각하는 것과 말과 삶이 일치한다. 삼박자가 맞으니, 문제가 하나씩 해결되고 쌓이지 않는다. 수많은 생각들이 미룸으로부터 얽혀져 눈덩이처럼 커지고 버겁게 되어 가는 것이다. 하나의 생각, 아이디어 바로바로 진행해 주니 삶이 더 이상 버거워지지 않았다. 하나를 해결하면 차분하게 하나의 문제를 해결하면 된다. 엉켜진 실매듭을 전에는 풀지 못하였다. 마음을 차분히 할 수 없었기에 매듭이 보이지도 않았고 그저 실 전체를 버렸다. 그리고 새로운 실을 사서 얼마 안 되면 다시 엉켜있었다. 삶은 문제의 연속이고 하나씩 문제를 해결하다 보면 다른 문제도 해결 되어 가는 것을 본다. 문제 자체가 심각한 것이 아니었다. 그 문제를 바라보는 우리의 관념이 우리를 문제에 더 매이게 하였다. 이미 해결된 문제라고 생각하고 문제를 바라볼 때 우리에게는 해결할 수 있는 능력이 생긴다. 어떻게 무슨 방법으로 해결하든 그 문제는 해결되는 것이다.

《성경》에 하나의 '겨자씨'의 믿음이 나온다. 처음에 그 믿음을 아주 작은 믿음이라고 생각했다. 그러나 작은 씨앗 하나에도 완벽한 믿음이 있었다. 겨자씨는 겨자가 되는 것이 꿈이었다. 겨자씨는 결코 다른 어떤 것을 소망하지 않는다. 그저 겨자로만 성장할 힘으로 겨자를 만들어 낸다. 소망하는 것도 똑같은 방법으로 이루어진다. 소망한다는 것은 소망하는 것을 이루어 내는 힘이 있다는 사실을 알게 된 것이 책 쓰기이다. 책을 썼기에 '할 수 없다'라고 한계 지었던 스스로 한계의 감옥에서 탈출하였고 미래도 바꿀 수 있다는 믿음으로 이어졌다. 삶을 바꾸기 위해 책을 썼고 미래를 꾸는 것이 가능해진 것이다. 지금의 삶을 바꾸어 미래의 삶을 바꾸는 것이다. 독서하지 않던 지금을 독서하는 지금으로 바꾸고 실천하지 않고 생각만 하던 지금을 생각하고 실천하는 지금으로 바꾸어 간다. '지금'을 바꾸니 미래가 바뀌고 삶이 바뀐다고 믿는 믿음이 삶을 바꾸는 힘을 가진다. 삶을 바꾸고 싶은데 지금을 바꾸지 않고 예전과 같이 행동한다면 삶은 절대로 바뀌지 않는다.

책을 썼기에 요양보호사로 일하는 나의 삶도 소중하다는 것을 깨달았다. 작가의 눈으로 삶의 일상을 바라보면 평범한 일상이 다 의미 있다. 힘들고 어렵다고 느끼던 평범하고 매일 반복적인 삶에도 책에 내용으로 들어갈 사례가 많다. 삶에 의미를 더하니 삶이 재미있게 느껴지고 받아들이기 쉬워졌다. 스스로에 대한 관념을 바꾸니 삶이 참 아름답게 보인다. 내 마음속에 아름다움과 사랑스러움을 채우고 있으면, 세상을 바라볼 때 누구도 아름답고 사랑스럽게 보이기 시작한다. 요양원에 입소한 어르신들 보아도 그들이 어린아이같이 사랑스럽게 보인다. 이것은 내 마음에 사랑의 마음이 차고 넘치기 때문이다. '네 이웃을 네 몸과 같이 사랑하라'는 예수님의 명령을 이제 이해하는 듯하다. 남을 사랑하기 전에 먼저 나를 사랑하는 것이다. 나를 사랑하니 남들도 사랑스럽게 여겨지는 것이다. 내 삶이 의미가 있고 소중하니 다른 사람의 삶도 의미 있고 소중하다. 나와 그들은 연결되고 있기 때문이다. 우리 요양보호사도 자기 자질을 높이고 요양보호사 일에 의미가 있으면 요양보호사 일에 자부심을 느낄 수 있다. 동료들의 마음속 깊이에 '남의 뒤처리나 해주는 요양보호사'라는 감정이 숨어있기에 자존감이 자꾸 떨어진다. 스스로 자신을 그저 그런 사람으로 보기에 요양원 노인들도 우리를 머슴 다루듯이 함부로 대한다. 따라서 내면에 자신을 사랑하는 마음이 넘쳐나기를 바란다. 우리가 하는 직업도 관념을 바꾸면 어르신들을 사랑으로 대할 수 있다. 그러면 뉴스처럼 요양원에 학대가 일어나지 않을 수 있다.

시련과 고난은 하나의 글감일 뿐이다

매일의 삶을 살아가면서 때로는 행복하다고 느껴지고 때로는 슬프고 힘들다고 느껴진다. 나의 감정에 따라 삶이 다르게 느껴지는 것이다. 요즘 새로 이직한 직장에서 인간관계가 나를 조금 힘들게 한다. 요양원 규모가 전에 사설보다 좀 큰 면에서 체계가 잡히고 일하는 것이 편할 수 있지만 사람들과의 관계가 조금 나를 힘들게 한다. 새로운 직장의 규정이 있고 나는 그 직장의 규정을 따라야 한다. 다른 직장에서 경험이 있었지만 나 혼자 단독적으로 할 때는 내 마음대로 어르신 상태를 우선으로 생각하고 안전을 생각하기만 하면 어떻게 일과를 하든지 상관없다. 그러나 새로운 곳에서 많은 사람을 만나면서 여러 사람과의 관계가 조금씩 드러난다.

새로운 직장에서 새로운 상황이 일어난다. 선임이 나에게 야간 시에는 차를 가까운 곳에 주차할 수도 있고, 야간에는 반찬 몇 가지를 싸와서 셋이 함께 직장에서 저녁 먹는다고 한다. 그러나 나는 반찬을 싸서 다니는 것을 좋아하지 않고 마땅한 반찬도 잘하지 못하기에 집에서 저녁 먹고 갔다. 야간하고 나서 이튿날 아침 식사를 거르고 퇴근해서 자는 편이지만 그곳에서 아침 식사까지 먹어야 했다. 이런 사실은 나의 습관을 거스르기에 많은 불편함을 줬다. 이런 것들을 내 삶에 맞춰서 하니 선임이 나한테 '자기들이 하라는 대로 한 가지도 안 한다'라고 말한다. 비록 일을 하면서 선임들에게 아주 사소한 것까지 물어보고 선임이 하라는 대로 하라고 하지만 생활 방식에까지 자기네 생각으로 나를 구속하는 것은 좀 아니다 싶다. 물론 새로 가서 막내로 있지만 나에게 불편을 가하면서까지 일상적인 것까지 그들의 제약을 받고 싶지는 않다. 선임들은 어르신보다 일하는 것이 우선이고 자기책임이 우선이다. 비록 선임들에게서 일하는 규정을 배우는 형편이지만 혼자서 일을 할 때보다 더 적은 일을 하지만 내 마음에 여유가 점점 줄어들고 있다. 아주 사소한 일에까지 제약 받아 가니 자유로운 내 영혼이 조금씩 구속된다.

　나는 어떤 것에 내 의지와 생각을 접고 기존의 규정에 순종하는 것이 나를 가장 힘들게 한다. 규칙과 질서 물론 지켜야 한다. 이럴 때 주변의 환경에 따라 나를 흔들리게 할 수는 없다. 업무상에서 그들의 행동에 부합되도록 하지만 나 자신과의 약속을 지켜야 한다. 남의 눈치를 보면서 나를 잃지 않기 위해서는 나는 감정상 나에게 힘을 주어 자신의 자존감을 세워주어야 한다. 일반적인 사람들은 주변 환경에 자신을 어울리도록 한다. 그렇게 살다 보면 점점 자신을 잃어간다. 업무적으로 중요한 것을 배우고 일하면서 선임들과 모순되지 않도록 해야 하지만 나의 자존감을 돌봐줘야 한다. 지금 이 시기에 넋 놓고 자신을 주변에 적응시키도록만 애쓴다면 나는 분명 더 많은 스트레스를 받을 것이다. 그들이 원하는 대로 작은 것 하나라도 선임들에게 물어보고 내 자존심을 내려놓아야 한다. 물론 내가 할 수 있다는 자신감도 내려놓아야 한다. 나는 나 자신을 새롭게 정의할 필요가 있다. 나는 왜 요양보호사를 하는가? 나는 어떤 마음으로 요양보호사를 하는가? 이렇게 자신에게 물으면서 구속받고 흔들리는 마음을 정리해야 한다.

'나는 왜 요양보호사를 하는가?' 세계적으로 고령화 사회가 문제가 된다. 나는 부모에게 잘할 수 없는 마음이기에 어르신들에게 잘하기를 원한다. 어르신들에게 필요한 존재이고 그들은 나의 도움이 필요하다. 시니어들에게 많은 관심을 가지고 시니어를 위하여 일하길 원한다. 내 영혼이 더욱 성장하기를 원한다. 더 많은 사랑을 나누기를 원한다. 시니어 관련해 많은 공부를 하면서 앞으로 세상의 발전에 도움이 되기를 바란다. 이 문제의 답을 나는 자기 영혼의 성장으로 본다. 목표가 명확하기에 지금 하는 일에 스트레스를 받지 않도록 할 수 있다. 영혼의 성장을 생각하지 않고 그냥 직업이라고 생각하면 나는 요양보호사 일을 못 할 것 같다. 종일 남의 뒤치다꺼리하고 그들의 '하인'이 되어 그들을 수발든다고만 생각하면 나의 자존감은 나락으로 떨어질 것이다. 그러나 월급이라는 작은 보상보다 더 큰 영혼의 성장이라는 가치를 가지기에 일을 하면서 자신에게 힘을 줄 수 있다. 어떤 스트레스나 마음가짐에 달려 있다고 생각한다. 스트레스를 받아들이면 스트레스가 되고 스트레스를 받아들이지 않는다면 스트레스가 되지 않는다. 나를 '하인'이라고 자신을 낮추면 나는 하인이 되는 것이고 나는 어르신들에게 꼭 필요한 존재 요양보호사라고 정하면 나는 어르신들을 도와주는 요양보호사가 되는 것이다. 어르신들에게 도움의 손길을 주고 기꺼이 나를 내어줄 수 있다.

  나는 책 쓰는 요양보호사다. 새벽에 책 한 꼭지 필사하고 나의 기분을 좋은 기분으로 끌어 올린다. 요즘 보고 느끼는 것을 글감으로 남기려고 동료 요양보호사나 어르신들을 관찰하는 마음을 가진다. 요양원에서 걸음걸이가 엉거주춤하지만, 아직 이동하시는 어르신이 낙상 위험 1순위다. 얼마 전에 2층에서 낙상사고가 났다고 한다. 나는 3층이고 우리의 관할이 아니기에 잘 모른다. 직장 내 분위기는 어수선하고 싸하다. 말 한마디도, 행동 하나도 조심해야 한다. 듣는 말에 의하면 스스로 전혀 움직이지 않는다고 생각했던 어르신이 낙상 사고가 난 것이다. 평소에 가만히 누워 계시고 있었기에 그 어르신은 낙상사고 위험 1순위가 아니었다. 요양보호사가 3분 정도 CCTV 모니터에서 눈을 뗐고 그사이 사고가 난 것이란다. 우리는 그 말을 듣고 어르신 낙상사고에 더욱 신경을 곤두세운다. 낙상사고가 없어야 한다. 우리는 사람을 케어하는 일이기에 조금의 방심도 할 수 없다. 어르신들은 몸이 취약하기에 거의 다 낙상 위험이 있다. 그러나 그중에서 더 위험한 몇 사람이 있다. 우리는 온갖 신경을 곤두세워 낙상 위험 1순위 사람들을 돌봐야 한다. 시선은 항상 그들에게 향해야 한다. 어떤 사람들은 신입으로 입사해서 어르신들 케어하는 것을 감당하지 못한다. 비위가 약해서 배설물 치우는 것을 보고 사표를 낸 사람도 몇몇이 있다고 한다. 우리의 일은 자존심을 가지고 하면 그르칠 수 있다. 손바닥만 한 체면과 자존심을 살리고자 한다면 다른 일을 찾는 것이 현명하다.

　요양보호사 일을 하면서 삶 중에 나타나는 많은 시련과 고난은 글감으로 된다. 지금 책을 쓰는 것도 노후에도 꾸준히 책을 쓰고 싶은 마음에서이다. 요양원 어르신들 보면서 나는 살아있는 한 책을 읽고 글을 쓰는 삶을 살고 싶다는 욕구가 더 많이 난다. 나의 삶을 기록하는 법을 알았기에 삶의 모든 순간, 기쁘나 슬프나 다 기록할 재료로 남는다. 삶을 바라보는 태도가 현실만 보던 데서 보이지 않는 것을 보게 되고 삶의 시련을 하나의 성장 단계로 바라볼 수 있다. 보이는 것 뒤편에는 보이지 않는 것이 있다. 삶에도 마찬가지이다. 보이는 현실만이 우리 삶의 전부가 아니기에 보이지 않는 것에 의미를 더해주어 본질을 바라보아야 한다. 책 쓰기를 하면서 관찰자의 눈으로 삶을 바라보기에 고난과 시련이 더 이상 내게만 있는 고난과 시련이 아니다. 나를 성장시킬 수 있는 환경이 고난과 시련이 주는 환경이다. 어떻게 지겹고 힘겨운 상황을 이겨내느냐가 삶의 질을 변화시킨다. 고난과 시련을 삶의 일부분으로 보고 문제에만 집중하지 않고 해결 방법을 찾다 보면 나의 삶은 한층 더 업그레이드 되어간다. 책을 쓰지 않았다면 고난과 시련에 대하여 불평불만만 하였을 터이고 해결할 방법을 찾을 생각을 하지 못하였을 것이다. 그저 불평하면서 더 많은 불평거리만 끌어당겼을 것이다. 그래서 나는 요양원 일이 감정노동이고 체력 소모 노동이지만 좋아하는 편이다. 나의 노후를 미리 준비할 수 있는 직업이 요양보호사로서 출근 전 오늘도 책 한 꼭지 완성한다.

책 쓰는 삶을 통해서 회복탄력성이 좋아진다

나의 멘탈은 취약해서 자주 부정적인 감정에 싸여 있었고 많은 상처를 받는다고 생각했다. 모든 것이 환경 탓이고 누구 탓이라고 생각했다. 점점 외부에서 문제 해결을 바라고 누군가가 내 삶의 문제를 해결해 주고 나에게 도움의 손길을 보내주길 바랐다. 그렇게 살아온 내 인생은 정말 볼품 없이 슬프고 비참했다. 유리멘탈을 가진 나를 스스로 연민의 못에 빠뜨리고 슬픈 인생이 나의 운명인 양 살아가고 있었다. 작은 일 하나에도 민감하게 반응하고 일이 잘못되면 나부터 비난하기 시작했다. 그러나 책을 쓰기 시작하면서 많은 양의 독서와 필사, 그리고 나를 드러내는 글쓰기는 나의 삶을 바꾸기 시작하였다. 나는 삶의 힘듦이 나만의 문제가 아니라 많은 현실만 보는 사람들의 공동한 특징인 줄 알게 되었다.

　나는 나의 부정적인 삶을 바꾸기로 결심했다. 쉽게 상처받고 상처에 휘둘려 사는 삶이 너무나 불행함을 깨달았다. '책을 쓰면 삶이 바뀐다.'라는 말이 언젠가 나의 마음을 훔쳤다. 삶을 바꾼다고 하니 무조건 해보고 싶었다. 인생 첫 책을 쓰면서 나는 몇 번의 슬럼프를 겪었다. 처음 한 꼭지를 쓰려고 했을 때부터 막힌다. 평소에 책 한번 읽지 않던 내가 어떻게 책을 써야 할지 계속 고민이다. 고민만 하고 있을 때 나는 몇 번이고 포기하고 싶었다. 그러나 삶을 바꾸기에는 '책 쓰기'밖에 없다고 많은 작가가 얘기를 한다. 그저 삶을 바꾸겠다는 그 간절함으로부터 시작하여 새벽 독서를 시작하였다. 원래 새벽 체질이라 새벽 기상은 그리 어렵지 않았지만, 독서는 어려웠다. 교회 가서 새벽기도회에 참여하고 집에서 아침 준비를 하면서 살림에 서툴기 때문에 아침 준비하는 시간으로 귀한 아침을 보냈다. 그저 삶의 상황에 맞춰 살다 보니 사는 대로 보이고 생각하였다. 그러나 새벽 필사 독서를 하면서 삶이 바뀌기 시작하였다. 나에게는 회복탄력성이 생기기 시작하였다. 필사를 미친 듯이 하면서 책을 쓰기 시작했고 첫 꼭지가 완성되자 다음 꼭지도 술술 써 내려갈 수 있었다. 모든 것은 관성의 법칙을 가지고 있다. 몇 꼭지를 쓰고 나서 또 며칠의 슬럼프를 만난다. 목차와 장 제목이 있지만 매 꼭지 제목들이 술술 써 내려가는 것이 아니다. 먼저 쓸 수 있는 꼭지 글을 완성하면서 초고의 많은 분량을 점점 완성했다. 그러다가 슬럼프를 만나 내가 과연 책 쓰기를 해야 하나? 이렇게 책 쓰기가 어려운데 어떻게 완성해야 하나? 마음이 흔들릴 때도 많았지만 포기할 수 없었다. 삶을 바꾸고자 시작했던 일인데 중간에서 포기하면 지금까지 들인 큰 노력이 물거품이 되어간다는 것을 너무 잘 알고 있다. 우리는 며칠만 새로운 변화를 멈추고 있으면 뇌는 원래대로 익숙한 환경으로 돌아가 버리고 만다. 책 한 꼭지를 쓸 때 어떤 때는 하루에 3~4꼭지 쓸 때도 있고 어떤 때는 3~4일에 겨우 한 꼭지 완성할 때도 있었다. 그러나 나는 책 쓰기를 포기하지 않았다. 결국 몇 번의 슬럼프를 이겨내고 나서 원고 완성을 하였다. 인생 첫 책이 나오고 나서 여러 권의 공저도 계속 써 내려갔다. 사람은 참 놀라운 능력을 갖추고 있었다. 처음에는 책 한 권 쓰기도 어려웠는데 탄력을 받고 여러 권의 공저까지 쓰기 시작하고 써낼 수 있었다.

지금 두 번째 개인 저서를 쓰는 중이다. 첫 책 쓸 때와 마찬가지다. 의지를 다지고 초고를 완성해야만 두 번째 개인 저서가 나올 수 있다는 사실을 너무나 잘 알고 있다. 처음에 매일 1~2꼭지씩 써 내려갔다. 절반 정도 써 내려가니 또 슬럼프가 온다. 책 쓰기가 싫어지고 며칠 만에 원고 한 꼭지 겨우 쓰고. 초고 완성을 선포한 날을 넘었지만, 아직 초고 완성이 덜 된 상태다. 아직도 몇 꼭지를 완성해야 한다. 어떨 때는 너무 자신을 몰아붙이는 것 같기도 하고 또 어떤 때는 너무 자신을 안일하게 생각하는 것 같기도 하고. 삶은 관성의 연속이다. 좋은 방향으로 흐르면 계속 그 방향으로 흐르고 또 멈칫하면 계속 저조한 방향으로 흐르고. 여러 권의 책 쓰기를 통하여 나의 회복탄력성이 좋아지고 더는 부정적인 기분, 저조한 기분에 자신을 옭아매지 않는다. 아무리 절망적인 상황이라도 시간이 지나면 다 해결되어 있고 별거 아닌 문제가 되어버린다. 이전에 나 같으면 계속 한 방향으로 자신을 계속 끌어내렸다면 지금의 나는 슬럼프를 겪고 있지만 계속 자신을 끌어 올리는 방향으로 성장하고 있다. 퇴보하는 삶에서 진보하는 삶으로 살아가고 있다. 책을 쓰는 과정에서 인생을 책 쓰기와 같은 방법으로 바라보기 시작했다. 기분 좋은 날도 기분 처지는 날도 포기하지 않고 꾸준히 써갔기에 완성할 수 있었다. 자신의 인생을 되돌아보면서 나의 몸과 마음을 더 단단히 하면서 이제 쉽게 주변 상황에 흔들리지 않게 되었다. 책 쓰는 과정이 나를 찾는 과정이고 나를 보듬어 주는 과정이기에 그 과정에서 치유되었기에 더 이상 세상의 어떤 것에 흔들릴 필요 없이 내가 주인 된 삶을 살아가는 것이다.

책을 쓰고 나서 한없이 낮아진 자존감은 점점 더 높아지고 드디어 자신을 찾았다. 그러니 삶이 어렵다고 힘들다고 피곤하다고 책 쓰기를 포기할 수 없다. 책 쓰기를 통하여 부정적인 삶이 긍정적인 삶으로 바뀌었음을 너무 잘 알고 있다. 아무것도 할 수 없다고 도전을 시도조차 하지 않던 나는 무엇이나 하고 싶은 것에 도전하고 도전할 수 있는 용기가 생겼다. 어려운 책 한 권을 써낸 과정과 경험이 나를 살리고 있다. 어려울 때마다 하나의 과정임을 깨닫게 하고 삶이 날마다 문제가 생기고 그 문제를 해결해 가는 과정임을 알게 되었다. 삶은 그저 주어지는 대로 사는 것이 아니다. 모든 것은 내 안에 있다. 나는 삶을 주어진 대로 살아가도록 선택할 수 있고 삶의 질을 끌어 올리도록 선택할 수 있다. 삶의 주도권은 남의 손에 있는 것이 아니라 나의 손에 있다. 하나님도 스스로 돕는 자를 돕는다고 스스로 삶의 질을 높이고자 선택한 길이 책 쓰기다. 책 쓰기를 통하여 새로운 인생을 산다고 말한다. 모든 삶이 과정이고 진행 중에 있다는 것을 알고 나서 나는 삶을 대하는 태도나 사람들을 바라보는 마음이 바뀌기 시작하였다. 문제는 나로부터 발생하였고 더 이상 환경 탓, 남 탓을 하지 않기로 했다. 탓을 할 때 나의 심리는 유리멘탈이었지만 모든 책임은 나로부터 나오고 스스로 책임을 지려고 할 때 내 인생의 주인은 타인이 아니라 내가 되었다는 것을 알게 되었다.

  며칠 전 새로 이직한 요양원에 한 요양보호사가 어르신 하고 언성이 높아지기 시작했고 어르신은 상처받았다. 그 요양보호사는 나보다는 먼저 우리 요양원에 온 선배지만 경력은 나보다 적었다. 우리 요양원은 노인학대를 절대 용납하지 않는다. 물론 그 요양보호사도 잘하지만, 순간적으로 감정이 나갈 수도 있다. 아직 경력미달이어서 그 역시 멋진 요양보호사로 되는 과정이다. 나도 처음에는 치매 어르신들 한데 상처받는 유리멘탈의 소유자였지만 그동안 3년의 요양보호사 일을 하면서 내 생각이 바뀌고 치매인 노인들로부터 상처를 받지 않는다. 그들에게 한 번 더 관심을 두고 한 번 더 몸을 움직이면 된다. 그들의 할 수 없고 힘들어하는 부분에 작은 관심을 두면 된다. 어르신들도 우리의 일에 협조해 주려고 한다. 대부분 요양원에 어르신들이 협조를 잘해주는 편이다. 가끔 몇몇 치매가 심한 어르신들 때문에 상처받고 회의를 느낄 필요가 없다. 일에서 받는 스트레스가 없을 수 없다. 그러나 받는 스트레스를 다 어르신을 향한다면 우리는 악질 요양보호사로 찍히게 된다. 아무리 내가 맞고 다 어르신 탓이라고 변명해도 우리는 모든 것이 요양보호사의 책임임을 알고 있다. 좀 더 지혜롭게 요양보호사의 감정을 조절할 필요가 있다. 모든 삶이 과정이고 해결하는 중이며 우리가 자신을 제삼자의 측면에서 보면 별거 아닌 일로 보일 수 있다. 감정을 조절하고 자기 기분을 늘 좋은 곳으로 옮겨야 한다. 요양보호사 일을 하면서 오랜 경험을 가진 선배 요양보호사들을 보면 그들은 어르신들 돌보는 것을 즐겁게 생각한다. 이미 한곳에서 오랫동안 일을 하면서 어르신들과의 감정도 잘 맞고 하는 일에 감사하면서 즐겁게 일하는 모습을 보면서 역시 인생 선배가 다르고 그들의 회복탄력성 역시 경험에서 나오지 않을까 한다. 이

왕 하는 일을 언성 높이는 것보다 즐거운 마음으로 하는 것이 중요하다. 조금 서툴더라도 기쁘게 즐겁게 해야 한다.

  책 쓰기 위해 많은 책을 읽으면서 회복탄력성이 좋아졌다. 독서로 나를 살릴 수 있는 간접 경험을 할 수 있다. 모든 것을 나의 경험으로만 살아갈 수 없다. 다른 사람의 경험에서 교훈을 배우고 자신을 돌아볼 수도 있다. 상황에 따라 흔들리지 말고 내가 주인 된 삶을 살면 회복탄력성을 높일 수 있다. 책 쓰기로 자신을 찾고 자신에 대한 사랑을 회복시킨다면 우리는 더 좋은 회복탄력성을 가질 수 있다. 어떤 일에 어떤 감정이 생기는 것은 정상적이다. 좋은 감정이면 오랫동안 머물러도 좋지만, 나쁜 감정이라면 빨리 그 감정에서 빠져나와야 한다. 자신을 긍정적으로 바라보는 방법으로 책 쓰기만 한 좋은 습관이 없다고 본다.

Chapter 4.

당신이 요양보호사라면 필사부터 시작해라

책 쓰기의 기본은 남의 글을 베껴 쓰기이다

　책 쓰기의 기본은 남의 글을 베껴 쓰는 것이다. 나는 처음 책 쓰기를 할 때 정말 아무것도 할 수 없었다. 유일하게 할 수 있는 것이 남의 글을 베껴 쓰는 것이다. 그저 생각 없이 베껴 썼다. 옳고 그르고를 생각하지 않았다. 작가가 글을 잘 썼는지 못 썼는지 판단하지 않았다. '그냥' 숨을 쉬었고 아무 생각 없이 그저 할 수 있는 필사를 시작했기에 나를 살릴 수 있었다. '그냥' 하다 보니 언제부터인가 나는 살아 있는 자체가 고역이 아니라 어떤 희망을 품을 수 있다고 생각하게 되었다. '그냥' 나는 이 단어를 좋아한다. '그냥' 필사했고 '그냥' 하니까 내가 살겠더라. 집안일도 산더미처럼 쌓였을 때 어떻게 하느냐를 생각하면 일하기 전에 지쳐서 못 했다. 아무 생각 없이 '그냥' 시작하니 언젠가 끝이 보이더라. 그냥 매일 필사하다 보니 자연스럽게 내 글도 써보고 싶은 마음이 들었다.

요즘은 많은 사람이 자기 계발을 하는 것을 볼 수 있다. 이전에 나의 주변에는 자기 계발 하는 사람이 없었다. 주변 사람들은 책을 읽는 사람이 없었고 TV 시청이나 술 마시거나 노래방 다니는 것으로 자신의 스트레스를 풀어갔다. 나 역시도 남편과 함께 노래방 가기도 했고 드라마 시청을 많이 했으며 심지어는 사람들이 모여서 다른 사람들의 험담도 했다. 이러는 나는 삶에서 영양분을 얻을 수 없었고 힘들고 지친 삶을 이겨나갈 힘이 없었다. 그리고 마음은 점점 상해갔다. 사람들 속에서 상처받고 사람들 외면하고 세상을 살아갈 용기마저 잃어서 삶에서 도망치고 싶었고 아예 입도 마음도 다 닫아 버렸다. 상처는 점점 더 크게 내 삶을 짓눌렀다. 처음 작은 상처가 부메랑처럼 돌아오고 계속 상처를 확장하게 시켰으며 결국 마음에 병이 들기 시작했다. 나는 내 자신이 싫어졌고 남편도 아이마저 돌볼 힘이 없었다. 늘 우울했고 혼자만의 어두운 세상에 갇혀 살면서 꿈에서도 항상 도망 다녔다. 꿈에서 쫓기고 숨고 시험을 치는데, 답을 쓰지 못하여 늘 안절부절못했다. 그러다 잠에서 깨어나 보면 또 인생이 허탈했다. 이런 삶들은 나를 폐인 되게 만들었다. 29살에 결혼하여 남편과 아이들을 잘 챙기면서 현모양처가 되겠다던 어릴 때의 꿈은 점점 사라지고 날마다 흉측한 엄마이고 자녀이고 며느리가 되었다. 이런 나에게는 어떤 희망도 없었다. 나는 자신의 인생이 너무 허무하고 정말 이렇게 폐인 되어 가는 것이 억울했다. 왜 어떤 사람들은 그토록 웃고 행복하고 사랑하면서 살고 있는데 나는 사람 아닌 모습으로, 짐승처럼 먹고 자고 싸는 삶에서 매일 성내면서 살아야 하는지 너무 가슴 아팠고 그 이유조차 몰랐다. 항상 '나는 누구인가?'라는 정체성의 문제가 나를 옭아맸다. 교회를 다녔지만, 문제를 제대로 알지 못하였다. 나의 세상을 깨워야 했고 나를 구원해 줄 구세주가 필요했다. 예수님이 나의 구세주라고 하지만 나는 그분을 느낄 수 없었다. 처음 예수 믿을 때는 그가 나의 구세주일 것이 믿어졌지만 점점 삶에서 예수의 흔적을 찾아볼 수 없었다. 나는 누군가가 와서 힘든 내 삶을 구원해 주기를 바랐다. 그러나 아무도 '내가 예수다'라고 나에게 손 내미는 사람은 없었다. 그 음성조차도 듣지 못하였다.

나는 내 삶을 바꾸고 싶었다. 나도 웃고 싶고 사랑하고 싶고 사랑받고 싶었고 행복한 삶을 살고 싶었다. 그러나 그 방법을 몰랐다. 어떻게 나를 구원하여 구렁텅이에서 건져낼지 나는 알지 못하였다. 그러는 중에 나는 독서는 자기 계발의 기본이라는 사실을 알게 되었다. 그때 당시만 해도 집에는 《성경》 책뿐이었다. 나는 《성경》 중에 〈잠언〉을 읽기 시작했고 따라서 〈전도서〉, 〈시편〉을 읽기 시작했다. 《성경》 책은 내가 그전까지 4번 완독한 기억이 있다. 처음 예수 믿을 때 미친 듯이 읽었던 기억들, 그리고 짧은 책 읽기 힘으로 10여 년을 버텨왔고 이제 그 힘이 고갈되어 갈 때쯤 나는 다시《성경》책을 읽기 시작했다. 그러면서 나는 기독교 방송 라디오에 빠졌고 독서가 그때부터 시작되었던 것 같았다. 기독교 라디오 방송에서 한 목사님이 일주일에 책 1권을 추천해 주시는 프로그램이 있었다. 그리고 나는 그 목사님이 소개해 주시는 기독교 종교 서적《예수님이라면》의 책을《성경》말고 내 돈으로 처음 구매했다.

  나는 그 책을 읽고 싶었고 다음 주에 소개해 주실 책을 기대했었다. 그렇게 처음 구매한《예수님이라면》이 책은 나를 강제적인 독서를 하게 했다. 왜 예수 믿는 나는 삶이 힘이 드는지, 알고 싶었고 예수님이 말하는 나의 받을 축복은 어디 있는지 알고 싶었다. 그러나 독서는 절대 쉽지 않았다. 일주일 동안에 독서하기가 정말 어려웠다. 앉으나 서나 독서한다고 하는데도 하루에 2페이지씩 책 한 권을 일주일 만에 읽어나가기는 힘들었다. 책 읽기가 그렇게 어려운 줄은 처음 알았다. 하기야 책 한 권 읽지 않던 내가 그럴 수밖에. 그렇게 애를 쓰면서 일주일 되어 나는 그 책을 다 읽지 못하고 목사의 다음 추천 책을 듣게 되었고 그 책마저 구매했다. 첫 번째 책을 다 읽지 못하고 두 번째 책을 구매했으니, 마음에 부담이 가기 시작했다. 그리고 두 번째 책은 방치된 채 세 번째, 네 번째 책을 소개하기 전까지 한 달이 지나서 겨우 책을 완독했다. 너무 힘든 독서였다. 그리고 한 달 후부터 나는 책을 구매하지 않았다. 그 목사님 추천 책들을 더 이상 구매하지 않았고 더 이상 그 시간 방송도 듣지 않았다. 나는 구매한 책을 다 읽을 때까지《성경》필사하기로 했다. 〈잠언〉,〈시편〉.〈전도서〉의 순서로 필사하기 시작했다. 필사하는 시간은 내가 살기 위한 시간이었다. 자기 계발하는 남들은 많은 책을 읽을 수 있었는데 나는 많은 책을 읽을 수가 없었고 그저 하루 시간을 지나 보내는 것이 다였다. 《성경》 필사하면서 나는 언제부터인가 삶이 그리 힘들다고 생각하지 않게 되었고 언젠가부터는 그저 필사하기에만 빠져 있었다. 책을 읽을 수 없어서 시작한 필사가 오히려 나의 숨통을 열어주었다. 그러면서 필사에 끌리기 시작하였다.

나의 삶을 바꾸고자 하는 욕망은 점점 나의 귀를 열어 세상의 소리에 반응하게 하였고 '책을 쓰면 인생이 바뀐다'라는 소리를 듣게 되었다. 삶을 바꾸고 싶다는 간절함이 '책을 쓰면 인생이 바뀐다'라는 소리를 끌어들였고 나는 또 온갖 방법을 다하여 인생 첫 책을 쓰기로 했다. 대한민국의 일등 책 쓰기 코치를 만났고 그의 코치로 나는 인생 첫 책《새벽독서의 힘》을 써낼 수 있었다. 책 쓰는 과정에 내가 한 일은 미친 듯한 독서와 미친 듯이 하는 필사였다. 하루에 기본적으로 책 3~4장의 분량을 필사하기 시작했다. 코치가 요구하는 것이 코치의 책을 읽고 필사하고 카페에 인증하는 것이었다. 그래서 무조건 필사하기 시작했고 그의 책을 한 권, 두 권을 필사하면서 점점 하루에 1~2페이지의 책 읽기에서부터 책 한 권 두 권을 필사하기 시작했다. 짧은 몇 개월 기간에 내가 책 한 권을 전체적으로 한 것이 6권 정도 되었고 그 외에 한 책의 80% 정도 한 것도 있었다. 처음 필사한 일반 책은 앞 페이지에 내용이 있고 옆 페이지에 공간을 두어 그 내용을 손으로 적는 필사였다. 그렇게 몇 권의 책 필사를 하면서 인증을 하였고 SNS도 그때 접하게 되었다. 처음에 서투른 SNS 생활도 점점 익숙해졌다. 그러다 손으로 필사한 내용을 사진 찍어 인증하는 것도 한계가 있었고 못써진 나의 손 글씨에 필사 인증이 즐겁지만 않았다. 나는 내가 필사한 내용의 중심 구절들을 컴퓨터에 타자하기 시작했고 점점 타자 필사는 손 필사에서부터 자판 필사로 바뀌었다. 자판 필사된 내용들이 핸드폰이나 컴퓨터로 글 그램으로부터 다시 카드뉴스까지 결국 영상으로까지 바뀌어 가고 있었다. 아무래도 그냥 활자체보다는 그림도 있고 움직일 수 있고 노래도 있는 영상이 더 내 마음에 닿아왔다. 그렇게 필사하면서 독서 방법이 필사 독서로 이루어졌다. 필사하면서 나는 그 중요한 구절들을 더 가슴에 새겨가면서 책 전체를 자판필사 해가기 시작했다. 한 권의 책을 자판 필사할 때 어떤 책은 7~8개월 걸린 적도 있다. 그리고 《성경》도 손 필사에서 점점 자판 필사로 바뀌어 갔다. 물론 《성경》 필사는 내 인생에 한 번은 꼭 필사 완주할 책이기에 어떨 때는 2순위로 밀릴 때도 있고 어떤 때는 한동안 《성경》 필사를 아예 놓아두고 다른 일반 책을 필사할 때도 있다. 그러나 필사는 항상 이어지고 있고 최대한 매일 필사를 한다. 개인 저서를 쓰는 지금도 나는 새벽 3시 반~4시에 일어나서 필사 한 꼭지와 초고 한 꼭지를 완성하고자 한다. 사람들은 새벽 필사를 어렵게 생각한다. 그러나 나는 단지 나에게 맞고 나를 잘 성장시키는 방법을 선택했을 뿐이다. 나는 2023년 나에게 무엇이 소중한지를 깨닫고 비록 월급이 조금 더 많지만, 나의 시간이 전혀 없는 직장 생활을 그만두고 다시 나를 살릴 수 있는 요양보호사의 일을 하기 시작하였다. 그리고 나는 다시 나를 세우고 출근 시간 외에 나를 살릴 수 있는 필사부터 시작하였으며 작년 2023년 인스타그램에서 〈책성원〉이라는 모임을 알게 되고 리더 작가님의 공저 쓰기 모임에 참여하고 다시 예비 작가의 마음으로 필사부터 시작하여 《소중한 내 아이에게 꼭 알려주고 싶은 것》의 공저 외에 다른 한 가지 공저부터 책을 쓰기 시작했고 올해 두 번째 개인 저서를 쓰기로 계획하였다. 나의 책은 필사로부터 시작되어 출간할 수 있었기에 필사의 효과를 너무 잘 알고 있는 나는 지금도 필사를 매일의 우선순위에 놓고 아침마다 내 글이든 남의 글이든 먼저 베껴 쓴다. 오늘 아침도 필사 한 꼭지와 더불어 지금의 한 꼭지 완성이다.

책 쓰기의 기본은 남의 글을 베껴 쓰기이다. 베껴 쓰기가 나를 살게 하는 힘을 주어 오늘도 새벽부터 이어지는 필사와 초고의 한 꼭지는 더 나의 마음을 설레게 한다. 어떤 날은 출근 전 두 꼭지를 완성할 때도 있었다. 초고가 술술 써질 수 있는 것은 어떤 날에도 필사를 놓지 않고 우선순위에 놓았기 때문에 가능했다. 지금도 필사를 우선으로 한다. 물론 날마다 내 글 한 꼭지를 쓰고 싶은 욕구도 있지만 아직은 책 쓰기 경험이 부족하다. 내 글을 못 쓰면 남의 글이라도 한 꼭지 쓰는 것으로 항상 몸을 글쓰기 체질로 바꾸어 가는 것이다. 하루 한 꼭지 글도 술술 써내려 가는 것이다.

베껴 쓰기 가볍게 생각하지 마라

내가 독서하지 않을 때는 주변 사람들이 다 독서하지 않는 것 같았다. 내가 독서하기 시작하니 주변 사람들이 다 독서하는 것 같았다. 지하철에도 카페에도 눈에 띄는 곳마다 사람들이 독서하고 SNS 곳곳에 독서 모임 하는 그룹들이 많이 보였다. 내가 필사하지 않을 때는 필사가 엄청 어려운 것으로 생각했지만 필사를 하면서 제일 저렴하고 제일 가성비 좋은 것이 필사임을 알게 되었다. 필사 덕분에 자기 이름으로 된 인생 첫 책을 써냈고 지금 또 필사로부터 시작하여 두 번째 개인 저서 도전한다. 첫 책을 쓰고 그동안 필사의 멈춤과 함께 공백 기간이 있었다. 처음에 인생 첫 책을 쓰고 작가라는 이름을 달고 인생이 바로 바뀌는 줄로 알았다. 그러나 그 뒤로는 막혀 있었고 어떤 결과물도 만들어 내지 못하였다. 마음속으로는 여전히 책을 쓰고 싶으나 제자리에 멈출 수밖에 없는 상황에서 더 이상의 발전을 가져올 수 없는 것이 또 하나의 짐이 되어버렸다. 그리고 2023년부터 필사로부터 시작하여 기존의 작가라는 이름을 내려놓고 공저 쓰기로부터 시작하여 필사를 시작하였다. 필사하면서 하루의 기본 분량을 A4 두장 반으로 지키기 위해 노력하고 공저 쓰기를 도전했다. 2022년 동안 그토록 책 쓰기를 원했지만, 생각만 하고 실행하지 못한 그 경험이 나에게 동기를 유발한다. 다시 책을 쓰겠다고 필사를 시작하고 공저 쓰기 도전하니 결국 공저 2권도 완성되어 이미 계약되고 또 한 책은 출간 준비를 기다리고 있었다. 초고를 완성 후 계약하면서부터 몇 번의 퇴고 과정을 거쳐 드디어 지금 인쇄에 들어간 첫 번째 공저 출간이 엄청나게 기대된다. 다시 책을 쓰고자 하는 나의 꿈에 휘발유를 붓듯이 활활 타오르게 하였다. 역시 필사가 우선이었다. 필사를 멈추었을 때 그 어떤 결과를 만들어 내지 못했지만, 필사를 시작하니 공저 완성과 공저 출간이라는 선물을 안겨준다.

사람들은 하루에도 몇만 가지 생각을 한다. 그러나 실제 행동으로 이어지는 생각은 몇 가지가 없다. 새벽 기상을 할까 말까부터 시작하여 무엇을 입을까, 먹을까, 무엇을 할까? 수많은 생각들을 갖고 있지만 우리가 마음먹고 행동하는 것으로 그 하루가 결정된다. 나는 매일 새벽 필사를 고집한다. 야근할 때는 새벽 필사를 할 수 없지만 그 외의 시간은 늘 새벽 필사를 고집하는 편이다. 새벽 필사는 독서와 책 쓰기와 그리고 인격의 완성도 이루어진다. 세 마리 토끼를 한꺼번에 잡을 수 있다. 남들은 남의 글을 베껴 쓰는 것이 무엇이 그리 중하냐고 하지만 나는 필사가 중요하고 그 중요함의 맛을 알고 있기에 필사한 지 몇 년째 되지만 필사를 놓을 수 없다. 필사를 놓았을 때의 아쉬움을 너무나 잘 알기에 필사를 더 꼭 붙잡고 나간다. 사람들은 필사와 독서가 무슨 상관이냐고 할 수 있다. 독서는 우리에게 인풋의 삶을 살게 한다. 그러나 세상 모든 것은 인풋과 아웃풋이 어우러져서 조화를 이루어야 아름답다. 우리도 먹기만 하고 내보내지 않으면 몸에 병이 생긴다. 그로부터 생명이 위험하기까지 하다. 독서하면서 많은 정보를 얻을 수 있지만 수많은 정보를 정리하여 아웃풋 하여 우리가 알고 있는 지식을 밖으로 드러낼 때 지식이 지혜가 된다. 단단한 독서 습관은 필사와 기록, 메모 등과 같은 쓰는 행위와 외부에 드러내는 아웃풋으로 인하여 더 깊은 독서를 할 수 있도록 하고 또 우리에게 지혜를 더하여 준다.

지금은 사람들이 너무나 똑똑하다. 태어나면서 수많은 정보를 입력받고 있기에 어린아이들도 태어나면서 국제화되어 간다. 이렇게 똑똑한 아이들에게 이제 부모는 무엇인가를 가르치기 점점 더 힘들어진다. 아이들에게 무슨 지식이나 정보를 가르치는 것보다 오히려 아이들의 사람 됨됨이를 가르치는 편이 훨씬 낫다. 지식은 빨리 새로운 지식에 도태되지만 사람 됨됨이는 지식 외에 배워야 하는 중요한 요소이다. 아이들에게 중요한 사람 됨됨이를 가르칠 수 있는 좋은 길이 글을 쓸 수 있는 나이라면 필사를 시키는 것이 좋다고 생각한다. 아이들은 동화책의 한 구절부터 베껴 쓰기 시작하면 점차 자신의 감정도 표현하고 싶은 욕구도 가질 수 있다. 베껴 쓰기를 시작하면서 점점 자신의 감정을 표현 해냄으로써 자신의 감정을 이해하고 또 타인의 감정도 이해할 수 있다. 어릴 때부터 자신의 감정을 표현하는 사람이 됨됨이가 잘 되어 있을 줄로 알고 있다. 자신의 감정을 잘 드러내지 못하고 표현하지 못하면 그 아이가 몸은 성장하지만, 내면의 어린아이는 그대로 감정을 표현하지 못한 채 숨어있고 아파하고 누군가의 어루만짐을 필요로 하고 있다. 그렇게 성인 되어도 내면의 성장하지 못한 어린아이 때문에 결코 성인이 되어서도 가끔은 어린아이와 같은 성향을 드러낸다. 필사는 자신의 감정을 표현하는 기본이다. 남의 글을 써야 자기 글도 써낼 수 있기 때문이다. 자신의 감정을 글로 표현 해낼 때 우리는 자기 어린아이를 만져 줄 수 있다. 그리고 안아주고 인정하고 그 아이가 더는 섭섭하지 않고 상처가 치유할 수 있다.

요양보호사 일을 하면서 근무 중 받은 스트레스를 출근 전 필사로 해결 받고 있다. 내가 만일 필사하지 않고 책을 쓰지 않는다면 나는 사람으로부터 받는 스트레스를 해결할 방법을 모른다. 노래도 할 줄 모르고 술도 마시지 않고 운동도 좋아하지 않는 성격이라서 부정적인 감정은 계속 체내에 쌓여 있을 수 있다. 그리고 그 감정은 고스란히 가족들한테로 돌아간다. 그나마 필사를 매일의 우선순위로 놓고 매일 새벽 필사를 해서 많은 스트레스를 해소할 수 있다. 물론 독서도 좋지마는 독서보다는 필사가 스트레스 해소에 더 도움이 된다. 왜냐하면 필사는 손을 움직이기 때문에 필사할수록 책의 내용에 집중할 수 있고 책 속의 좋은 구절들이 마음의 어수선함과 혼란스러움을 정화하기 때문이다. 나의 혼란스러운 감정이 행동을 통하여 정화돼서 더 이상 감정에 치우쳐 흔들리지 않을 수 있다.

최근에 필사하는 책으로는 〈책성원〉 리더의 여러 권의 책을 한 권씩 자판 필사한다. 그리고 또 시간 내서 펜으로 손 필사한다. 손 필사의 중요함을 인식하였기 때문이다. 손필사로부터 시작한 필사이기에 직장에 스트레스를 많이 받으면 쉬는 날은 종일 손 필사를 한다. 요즘 하는 필사북은 손 필사하기에 딱 좋다. 내용이 짧고 종일 필사에 관한 핵심 문단을 필사하기에 가슴 설레며 필사한다. 바깥 날씨가 영하 10도로 내려가기에 추워서 밖에 나갈 엄두도 못 하고 종일 따뜻한 집안에서 책 한 권 절반 넘게 손 필사한다. 종일 필사하고 스트레스 다 날리고 이튿날 좋은 기분으로 출근한다. 감정을 중화시키고 내일을 기약하면서 다시 자신을 세워가는 모습을 바라보면서 자신이 필사하기에 대견스럽다.

베껴 쓰기 가볍게 생각하지 말라. 남의 글을 베껴 쓰고 내 글을 쓰므로 나를 표현하고 내 속에 갖고 있는 것을 세상에 드러내는데 내면의 것을 드러내지 못하면 아웃풋이 되지 않는다. 물도 흐르지 않으면 썩듯이 나의 마음도 드러내지 않으면 아픈지 아프지 않는지 모른다. 그러다 결국 나는 병들어 가고 시들어 간다. 필사 독서 습관을 어떻게 나의 무기로 장착시켰는데 인제 와서 일시적으로 편함을 위하여 편리한 도구들을 과다 사용하는 것을 권하지 않는다. 물론 꼭 필요할 때는 쓸 수도 있겠지만 나는 여전히 별 내세울 것 없는 손 필사나 자판 필사를 하여 책의 내용을 컴퓨터로 입력시키고 다시 다른 글 그램이나 영상으로 추출할 수 있도록 고집한다. 필사를 베껴 쓰기라고 가볍게 생각하지 마라.

필사를 통해서 글쓰기와 친해진다

우리 인생은 어찌 보면 작은 일들의 반복으로 이루어지는 것 같다. 반복하므로 습관이 되고 습관이 굳어져서 내 생각도 습관된 방향으로 이끌려 가는 것 같다. 누구든지 처음부터 어떤 굉장한 좋은 행동이 하루아침에 삶을 행복하게 하는 것이 아니라 작고 보편적이고 늘 하는 작은 반복적인 습관으로 자기 삶이 만들어져 간다. 자신의 삶을 바꾸고자 하는 간절함이 나의 삶을 바꾸기 시작했다. 그 간절함 때문에 새벽 필사가 시작되었다. 새벽 필사는 나에게 꿈을 주었고 꿈을 이루게 하였다. 꿈 없는 자신의 삶을 바꾸고자 한다면 자신이 매일 하는 작은 습관을 원하고 되고자 하는 사람의 습관으로 고치면 삶을 바꿀 수 있다. 자기 계발하면 새벽 루틴, 독서, 글쓰기를 꼽는다. 나는 다행히 새벽 필사로 새벽, 독서, 글쓰기 세 마리 토끼를 다 잡을 수 있었다. 필사를 좋아하고 즐길 수 있기에 필사하는 시간이 행복하고 필사를 통하여 점점 자기 몸을 글쓰기에 적합한 몸으로 훈련한다. 훈련이지만 힘들지 않고 지겹지 않다.

 사람들은 필사를 시간 낭비라고 생각한다. 그 시간이면 더 많은 책을 볼 수 있다고 생각한다. 그러나 아웃풋이 없는 인풋은 삶을 고갈시킨다. 많은 책을 읽어도 삶이 바뀌지 않는 것이다. 필사는 인풋인 동시에 아웃풋이기에 오히려 개인의 성장에 더 빠른 결과를 내어 준다. 읽기만 하던 삶에서 읽고 쓰기를 동시에 하니 읽는 시간과 쓰는 시간을 단축할 수 있다. 내 글을 쓸 수 없는 상황이라면 먼저 남의 글을 써야 한다. 그것이 필사이다. 필사로 인해서 독서가 단단해지고 아웃풋 하는 연습을 하면서 점점 마음속에 내 글도 써보고 싶은 욕구가 강해진다. 그렇게 몸이 글을 쓰는 몸으로 습관 되어 지면 자연히 책 쓰기에 도전하고 싶은 마음이 든다.

 인생 첫 책을 쓸 때 먼저 필사를 시작하고 책 쓰기를 도전했던 것이 아주 잘 된 습관이었다. 그때 그 당시는 아무것도 할 수 있는 게 없어서 시작한 필사가 나를 살리고 숨을 쉬게 만들고 인생 첫 책을 써낼 수 있도록 한 것이다. 필사하면서 나도 모르게 이미 작가의 느낌을 누리고 그 짜릿함과 놀라운 효과를 몸에 익히면서 잘 알기에 필사는 평생 갖고 갈 수 있는 굉장한 무기라고 생각하면서 오늘도 필사를 즐기는 마음으로 새벽 독서를 시작하였다. 음양탕 한 컵 마시고 정신을 가다듬고 노트북 앞에 앉아서 필사하는 것이 이미 습관이 되었다. 새벽 필사를 하면서 타닥타닥하는 자판 소리가 나에게 하루를 기대하게 만든다. 어떤 내용을 얻을 수 있을까? 어떤 마음으로 하루를 시작할 수 있을까? 새벽의 필사는 나의 모든 정신을 글을 쓰는 일에 집중시킨다. 날마다 새벽 시간 나를 위한 시간으로 1~2시간의 투자이고 자신을 돌보는 시간이기에 '오늘 하루도 오라, 기꺼이 맞이할 것이다'라고 하루를 기대하게 만든다. 하루의 삶에 의미를 부여하게 되자 사는 것이 재미있게 느껴졌다.

두 번째 개인 저서를 쓰기로 마음먹었고 목차가 완성되고 책이 완성되어 가는 것을 생각하면서 자신을 정해본다. 오늘 필사한 내용 중에 '인간은 반드시 그가 자신이라 인식한 것 모두에 대해 눈에 보이는 증거를 갖게 되기 때문이다.'

'그대의 인식은 자신이라 인식하는 것 모두의 형상을 품고 상상하고 외부에 그려낸다.'

'그대는 원하는 모습이 되었다는 믿음으로 확고해질 것이다.'

'소망하고 바라고 그렇게 된다는 확고한 믿음과 고요함 속에서 흔들리지 않는 믿음을 지녀라.'

이 내용을 보는 순간 나는 자신을 되돌아보았다. '나는 과연 누구일까?' 지금 나는 요양원에 요양보호사로 일하고 아이들에게는 엄마이며 남편에게는 아내이고 그리고 부모에게는 자식이다. 현재 요양보호사의 일을 하면서 자신을, 책을 쓰는 요양보호사로 정하고 있다. 이렇게 나 스스로가 정하고 바라고 결국 책 쓰는 요양보호사로 된다는 사실은 오늘 아침 읽은 네빌 고다드의 《믿음으로 걸어라》 중의 한 메시지이다. 나는 이 메시지가 마음에 들었고 아침에 습관대로 필사하기 시작했다. 필사하면서 자신의 정체성을 책 쓰는 요양보호사로 정하였기에 그 소망하는 대로 나의 결과물은 필사하면서 책 쓰기 익숙한 몸으로 되는 한 나의 이번 책은 세상에 나타날 수 있다는 확신을 두고 오늘 아침도 1꼭지 시작한다.

내가 자신을 책 쓰는 요양보호사라고 정할 때 책 쓰기만 중요할 뿐만 아니라 요양보호사 일도 중요하게 느낄 수 있다. 주변에 많은 사람은 요양보호사를 남의 똥 기저귀나 갈아주는 그저 그런 사람이고 낮게 바라보고 있다. 어찌 보면 가장 천한 직업일 수 있다. 그러나 작가라고 하면 또 상위 몇 퍼센트만이 자신의 이름으로 책을 쓰고 작가가 되기에 사람들은 또 작가는 아무나 되느냐는 편견을 가지고 본다. 이렇게 두 가지 편견, 극과 극의 편견을 가진 나이다. 어찌 보면 자신의 정체성이 흔들릴 수 있다. 그러나 이렇게 초고 작성하는 동안은 작가이고 출근하면 요양보호사이다. 이 두 가지가 가능한 것은 새벽 필사 독서이기 때문이다. 내가 필사 독서하지 않으면 나 자신도 그저 남의 똥 기저귀나 갈아주는 그저 그런 사람으로 정했을 것이다. 자신이 정한 스스로 볼품없는 자신으로 인하여 수많은 스트레스를 받을 걸 생각하면 그 힘듦이 뻔하게 느껴진다. 내가 전에 자신을 그렇게 별 볼 일 없는 존재로 느꼈기 때문에 항상 나의 삶은 슬펐다. 지금은 책 속에서 스스로에 대한 믿음을 정하고 자신 속에 아주 위대한 존재가 있다고 인식한다. 그 위대한 존재를 날마다 드러내기 위하여 필사하면서 자신을 알아간다.

필사를 통해서 글쓰기와 친해진다. 필사하면 할수록 글쓰기 개념도 가지게 되었고 우선순위의 개념도 가졌다. 필사하기에 미루는 데로부터 행동할 수 있고 생각나는 것을 행동으로 옮기는 편이다. 생각만 했을 때 삶에는 어떤 결과물이 없었다. 그러나 필사로부터 시작된 행동하는 습관은 점점 더 많은 결과물을 만들어 낸다. 이 세상에 살면서 원하는 것들을 얻어 내는 방법들을 알아가면서 하나씩 원하는 것을 이루고 또 새로운 도전을 할 수 있다. 필사하는 무기를 장착하였기 때문에 독서가 두렵지 않고 필사하기 위해 독서를 더 많이 한다. 필사는 이미 내 삶의 일부분이 되었고 날마다 필사하는 것이 즐겁고 재미있고 내 체질에 맞는다. 필사의 큰 효과들을 알고 있기에 더욱 필사를 놓을 수 없고 자녀들이나 주변 사람들에게도 많이 권하는 편이다. 원래 좋은 것은 서로 나누고 싶은 게 사람의 마음이 아닐까? 우리 모임의 작가들도 자신부터 필사를 시작하면서 주변에 좋은 영향을 끼쳐 주변 사람들까지 필사하기 시작한다는 좋은 소식을 듣는다. 그럴 때마다 같이 필사하는 우리는 서로 좋은 영향을 끼치는데 축하를 해주고 기뻐한다. 우리는 필사 전도사가 되어 사람들에게 깊이 있고 시간이 오래 걸리는 필사 독서를 권하면서 내 인생 첫 책을 쓰고자 하는 많은 작가님에게 모범이 된다. 작가의 꿈을 이루고자 하면 필사부터 해야 한다. 필사 아니고는 작가 된다는 것은 헛된 꿈일 수 있다.

필사는 그저 자판으로 베껴 쓰는 것이다

삶에 의미를 못 찾고 무기력하여 방황할 때 나는 할 수 있는 것을 찾아냈다. 그것이 필사이다. 처음에 필사할 때 한 구절 혹은 한 문단 필사를 해봤다. 앞면에 있는 내용을 따라 보고 따라 쓰기 시작했다. 한 구절 또는 한 문장을 따라 쓰다 보니 양에 차지 않았다. 자꾸 더 쓰고 싶었다. 필사하다 보니 그 구절들이 내 생각을 바꾸기 시작했다. 한 구절이지만 내 생각을 바꾼다는 점이 점점 나를 필사에 빠지게 하였다. 손에 닿는 대로 책을 베껴 쓰다 보니 언제 완성할까, 하는 생각을 하지 않고 그저 베껴 쓰기를 했다. 책 한 권 필사가 의외로 빨리 끝났다. 그저 날마다 필사를 하고 싶을 때까지 했다. 목표도 계획도 없이 구절이 좋았고 내용이 좋아서 하다 보니 책 한 권 필사 완료했다는 자부심이 들었다. 이때부터 필사는 미친 듯이 이루어졌고 삶에 우선순위가 되었다.

　매일의 필사는 나를 점점 더 살렸다. 점점 더 많은 분량을 필사하면서 A4 두장 반 필사했다. 처음부터 필사의 재미에 푹 빠져 있었다. A4 두장 반으로 몸을 단련하니 점점 책 쓰는 분량에 도달하여 내 글을 쓰고 싶었다. 마음에 있는 생각, 느끼는 것들을 하나씩 적어보기 시작했다. 짧은 기간에 SNS 팔로우 수도 많이 늘었다. 매일 쓰고 매일 게시물을 올린 덕분이다. 오늘 아침도 일어나서 먼저 필사한다. 필사하고 나서 나의 아이디어의 문이 활짝 열린다. 오늘 아침 필사 내용은《소중한 내 아이에게 꼭 알려주고 싶은 것》중의 〈가치 있는 일에 투자해라〉라는 꼭지 글을 필사한다. 나에게 가치 있는 일이 나를 새벽 기상하게 만든다. 처음에 새벽 기상해서 전날 저녁에 밀린 빨래 분류와 집 안 청소를 하기 시작했다. 그러다 보니 매일 아침 소중한 시간이 해도 표시가 나지 않는 집안일 뿐이고 뒤돌아보니 삶에 더 의욕을 잃어갔다. 새벽부터 일어나서 집 치우고 집안일 하는 삶이 나를 더 힘들게 만들었다. 내가 밥하고 청소하고 가족들의 하인으로 살자고 태어나지 않았다. 귀한 시간 일을 해도 낮에 또 일하러 가야 했고 삶이 점점 고단함을 느꼈다. 시집와서 늦잠 한번 자보지 않고 계속 새벽부터 일어나서 서둘렀지만 삶은 점점 더 무의미했다. 자신을 돌보지 않고 돌볼 시간조차 없었기에 행복감이 떨어지고 스스로 자신을 '하인' 취급하였다.

    부정적인 생각이 한동안 나를 사로잡았다. 그곳에서 빠져나올 방법을 찾던 중 필사를 하게 되었다. 나의 첫 필사는 200억 자산가인 책 쓰기 코치의 책이다. 그의 책을 필사하면서 부자들의 생각과 마인드가 내 생각과 마인드를 뒤엎었다. 단순하게 필사를 시작하였지만, 필사는 나의 삶을 바꾸기 시작하였다. 필사하면서 나는 우선순위를 알게 되었고 필사하면서 무엇을 하면서 살아야 할지를 알게 되었다. 필사책으로 된 구절마다 내 가슴을 찌르고 내 생각을 뒤집어 놓았다. 결과물을 얻는 방법도 알게 되었다. 삶을 바꿀만한 의욕을 가지게 되니 삶을 바꾸고자 행동할 수 있었다. 바로 삶을 바꾸는 책 쓰기에 도전하는 것이었다. 삶의 우선순위가 책보고 필사하는 것이다. 새벽 필사가 새벽 기상, 독서, 글쓰기를 다 잡을 수 있도록 나를 이끌었다. 새벽 시간을 투자해서 점점 결과물을 만들어 내니 삶이 차츰차츰 바뀌기 시작했다. 같은 새벽 기상이지만 집안일 하는 것과 새벽 필사하는 것은 나를 완전히 다른 사람으로 변화되게 했다. 그때부터 집 안 청소는 오늘 더 이상 새벽에 시작되지 않았다. 집에서 노는 날도 하고 싶은 독서와 필사를 다 하고 나서 쉬는 타임에서 시작되었다. 삶은 살맛이 나고 나는 점점 더하고 싶은 것들이 많아졌다. 무엇을 하든지 우선순위를 알게 되었고 집중할 수 있었다. 새벽 필사가 생각을 집중시키고 몰입하는데 최고였다. 이 좋은 새벽 기상을 더 이상 허투루 쓰지 않기 시작했다. 집중력이 강한 새벽에 항상 새벽 필사가 계속 이어진다.

요양원에 다니면서 새벽 필사는 항상 이어진다. 새벽 필사나 책의 글 한 꼭지를 쓰는 것으로 스스로 힘과 에너지를 부여해 준다. 나는 필사하면서 자신을 스스로 세우는 방법을 알게 되었다. 새벽 기상으로 몸이 더 고단할 수 있지만 몸은 정신력에 따라간다. 정신력이 강하고 충만할 때 그날 하루 기분 좋은 몸으로 시작할 수 있다. 요양원에 가서도 좋은 기분으로 어르신들을 대하고 어르신들의 요청 벨에 빨리 대처할 수 있다. 긍정적인 에너지를 스스로 자꾸 채워나가야 한다. 며칠 전 처음으로 야근했다. 요양보호사 3명이 34명을 케어하는데 늘 바쁘다. 한 어르신이 원래는 다른 사람의 도움 없이 움직일 수 없는 사람임에도 불구하고 침상에서 내려오셨다. 우리 3명의 불찰이었다. 그날 저녁 팀장도 간호사와 간호 팀장, 원장 모두 달려오셨다. 그리고 응급실로 가서서 검사받았다. 다행히 골절이 생기지 않았다. 병원에 가신 몇 시간 우리는 마음을 졸이고 있었다. 그저 할머니가 별일 없으시기만 기다렸다. 갑자기 일어난 사고로 극도의 스트레스를 받으면서 요양보호사들은 '요양보호사 오래 하면 내 명에 못살 것 같다'라고 말한다. 항상 낙상 예방을 구호로 외치고 언제나 우선순위가 낙상 예방이다. 그런데도 며칠 전 2층에서 낙상사고 난 것에 이어 3층에서 또 낙상이 일어났으니, 팀장이나 원장으로서 이해하기 힘들어한다. 2층 어르신은 무릎과 엉덩관절이 골절되어 합의 문제로 고생 많이 한다. 그 와중에 또 낙상이 일어났으니 얼마나 한심하겠는가? 그것도 선임 2명과 경력자인 나까지. 다행히 어르신 덕분에 우리는 한숨을 쉬기 시작하였다. 극도의 스트레스를 받는 상황에서 다른 요양보호사들은 맘에 자책하면서 맘에 생채기를 남긴다. 그 사건으로 어르신들한테 더 신경 써야 하는 책임감과 죄책감이 더 우리를 죈다. 그러나 나는 그런 사건을 계기로 그 내용들을 상세하게 일기로 적어둔다. 그러면 먼 시간이 지나면 그 일도 그들에게는 하나의 추억거리로 남겠지만 나에게는 하나의 글감으로 남게 된다. 글을 쓰고 기록하므로 인하여 더욱 가슴에 새기고 아픔은 지면에 흘러 들어간다. 필사하면서 작가가 되었기에 기록의 의미를 잘 알게 되었다.

 필사하다 보니 내 글도 쓰고 싶었고 내 이름으로 된 책도 출간하고 싶었다. 자신이 하고 싶은 것을 찾아냈고 원하는 것이 생겨서 좋았다. 아무것도 바라지 않았기에 아무것도 이루지 못했다. 책을 쓰면서 바라는 것들을 이루어 내는 방법을 알게 되어 바라는 것들을 이루어 낸다. 삶의 모든 문제가 책 쓰기와 같은 방법으로 이루어진다. 자신이 원하는 것을 찾고 얻기로 하고 계획하고 이루기 위해서 행동하고 결과물을 얻는 것. 인생 첫 책을 쓰고나서 평생 책 쓰기를 하고 싶은 욕구가 있다. 책 쓰기가 아니라도 나의 마음을 표현할 수 있는 글쓰기는 이어질 것 같다. 지금도 주변에 많은 사람은 필사에 대해 잘 모르고 그저 남의 글을 베껴 쓰는 것이 뭐가 그리 대단하냐고 한다. 그러나 삶을 바꾸고자 하는 사람에게는 필사하기 위해 자판 두드리는 것이 아주 좋은 습관이 된다. 남의 글 한 꼭지 자판 두드리면서 자신도 작가가 되어 가는 과정을 생각하고 느낀다. 〈책성원〉 모임에 한 간호사 출신의 사람을 소개했다. 그는 많은 책을 읽고 독서 후기를 하는 사람인데 나의 게시물에 관심을 가졌었다. 나는 그에게 내가 속한 〈책성원〉을 소개했고 그와 함께 매일 필사하고 인증한다. 필사하는 것뿐인데 그는 이미 개인 저서 3번째 초고를 쓰고 있다. 거의 완성되어 가는 중이다. 줌 미팅 때 그는 말한다. '평소에 책을 읽기 좋아하지만, 필사는 하지 않았는데 〈책성원〉에 와서 내 이름으로 되는 책 출간을 이렇게 빨리하게 되어 좋다는 것이다. 개인 저서 2권을 완성하고 몇 권 참여하고 그 와중에 필사는 놓지 않는다. 뿌려놓은 씨가 많아서 수확할 것을 기다리니 마음이 흐뭇하다.' 개인 저서 초고 쓰기와 퇴고, 공저 초고 쓰기와 퇴고, 필사 인증 이 모든 것들이 가능하다. 그 역시 워킹맘이다. 필사하기 전에는 그저 워킹맘이지만 필사하고 나서는 글 쓰고 책 쓰는 워킹맘이다. 그도 자신이 그토록 짧은 기간에 결과물을 이처럼 많이 만들어 내는 데 대해 놀랍게 여긴다. 필사로 인하여 평소처럼 직장도 다니지만, 결과를 내는 워킹맘이 되니 행복지수가 더 많이 올라간다.

    필사 그저 베껴 쓰면 되는 간단한 것이다. 당신도 이것저것 따지지 않고 그저 필사하기를 원해라. 아무 생각 없이 그저 베껴 썼을 뿐인데 내 삶을 바꿀 수 있는 필사를 통해 나는 새로운 세상에 진입해라. 당신도 꿈을 꾸고 이룰 수 있는 세상으로서 그전의 세상과는 전혀 다른 세상을 볼 수 있다. 엄밀히 말하면 세상은 그대로 돌아가고 있지만 삶을 다르게 바라볼 수 있다. 내 이름으로 된 책을 쓰고 싶다면 필사로 몸을 단련하여 글쓰기 체질로 바꾸어야 한다. 위에 작가처럼 책 쓰는 온라인 모임에 참여하고 같은 목적과 의도를 가진 사람들에게 동기 부여를 받아 가면서 빠른 결과를 만들어 내는 모든 전제조건이 필사이다. 필사 한 달 만에 시작된 많은 결과물, 필사는 간단하면서도 큰 결과를 이루어 낸다. 오늘도 그저 베껴 쓰면 되는 필사가 삶의 우선순위가 되는 행복한 필사 당신도 필사의 재미에 빠져보길 바란다.

필사만 했을 뿐인데, 삶도 변한다

쇼펜하우어는 "고독한 상황에 있을 때 가련한 인간은 자신의 가련함을 느끼고, 위대한 정신의 소유자는 자신의 위대함을 느낀다."라고 말했다. 나는 어떤 사람인가? 고독을 즐기는가? 고독한 자신을 가련하게 생각하는가? 자신을 되돌아본다. 어릴 때 주변 사람들은 나보고 성격이 활달하다고 했다. 외부에서 말하는 자신이 진짜인 줄 알고 항상 활달하다고 생각했고 또 자신을 활달하게 보이도록 노력했던 것 같다. 그런데 알고 보니 자체로 갖고 있는 것은 자체로 빛을 내기에 충분하다. 원하는 대로 되고자 노력한다고 그것이 자신이 아닐 수 있다. 나이가 들면서 나는 고독함을 오히려 즐기는 사람인 것 같다. 어릴 때부터 외부에 드러난 나는 활달한 것 같지만 늘 혼자였고 혼자의 시간이 서럽지 않았다. 또 많은 친구도 없었고 날마다 고독함에 익숙해졌다. 고독함에 익숙하기에 지금도 나는 고독한 시간을 필사로 즐기고 있다. 남편이 일가고 아이들이 학교에 간 뒤의 시간에 나는 노트북 앞에 앉아 필사를 시작한다. 필사할 때마다 항상 작가가 된 느낌이다. 베스트셀러 작가가 된 것처럼 '타닥타닥'하는 소리를 좋아하고 한번 필사하기 시작하면 몇 시간이고 특별한 일 없으면 계속 필사를 즐긴다. 낮은 탁자라서 다리가 저리기도 하지만 이쪽저쪽으로 자세를 바꿔가면서 하는 필사는 여전히 재미있다.

새벽에 필사하기 위하여 일찍 일어나는데 남편 생일 같은 오늘은 시간상으로 조금 아깝긴 하지만 그래도 남편 생일이어서 먼저 생일밥 맛있게 차려주는 게 우선인 것 같다. 아침부터 수육과 미역국, 나물무침들로 남편 아침 식사 맛있게 하고 일하러 갔다. 기분이 좋게 아침 차렸기에 남편도 기분이 좋게 일 나간다. 그리고 아이들 학교 잘 등교시키고 진정한 나만의 행복한 시간을 느낀다. 원고 한 꼭지를 쓰기 위해서 반드시 필사를 먼저 하는 편이다. 어떤 사람들은 원고 한 꼭지 쓰는데 굳이 필사해야 하나 하지만 나는 반대로 생각한다. 원고 한 꼭지가 술술 써지는 날은 두 꼭지든지 세 꼭지든지 막힘없이 써 내려가면 된다. 그러나 원고가 잘 안 써질 때는 일단 원고는 한쪽에 제쳐놓고 필사해야 한다. 아무 생각 없이 손만 움직인다. 몸이 책 쓰는 습관으로 길들어져야 계속 글을 쓸 수가 있기 때문이다. 우리의 몸은 언제나 이전의 편안한 대로 돌아가고자 한다. 최대한 발전하는 것을 피하고 자신의 생활에 안주하도록 에고는 우리를 방해한다. 그러나 뇌는 진짜인지 가짜인지 모르기 때문에 뇌를 속이는 방법으로 자판 필사를 하면 뇌는 우리가 작가라고 생각하고 원고 쓰기를 하는 줄로 착각하게 된다. 그러다 보면 자연스럽게 원고 쓸 아이디어가 생각이 난다. 가슴이 다시 뜨거워지고 다시 한쪽에 제쳐놓은 원고를 써내려간다. 이렇게 한 꼭지씩 써내려가다 보면 어느새 책 한 권의 분량을 완성하고 투고하고 계약하고 퇴고하고 책이 출간된다.

나는 필사를 하면서 실제로 삶이 확 바뀌었다. 부정적으로 삶을 바라봤기에 삶이 별 의미가 없었지만, 지금은 필사하면서 삶의 중요함을 깨닫고 무엇이 행복인지를 알았다. 행복이 무엇인지 알고 싶어서 《행복하다고 외쳐라》를 필사하였고 감정조절을 잘 하고 싶어서 《감정치유》를 필사했고 상상력을 활용하고 싶어서 《상상의 힘》을 필사하였고 꿈을 가지고 싶어서 《미친 꿈에 도전하라》를 필사하였다. 그 외에도 수많은 필사를 하면서 점점 세상을 보는 관점이 바뀌기 시작했다. 3년 동안 필사를 하면서 얻은 지혜는 이루 말할 수 없다. 미친 독서가가 된 것만 해도 큰 변화였다. 독서하기가 그렇게 힘들어서 하지 못했던 독서를 지금은 스스로 독서하고 기록하고 필사하고. 이 모든 것은 다 필사의 덕분이다. 필사 덕분에 인생 첫 책 《새벽독서의 힘》이 출간되고 따라서 《나의 삶을 바꾸는 필사 독서법》 외에 8권의 공저가 나왔고 필사 덕분에 네이버에 인물 등록을 할 수 있었다. 네이버에 인물 등록은 아무나 할 수 없다. 연예인이나 작가나, 예술인이나. 자신이 참 대견스러운 것은 필사하였기에 이 모든 변화가 가능한 것이다. 지금도 여러 많은 꿈을 꾸면서 이루면서 우선순위 조절을 잘하여 가면서 하나하나의 꿈을 이루어 간다.

  필사는 평생 가지고 갈 나의 무기이자 자산이다. 단지 필사의 방식이 점점 업그레이드 되어간다. 처음에 필사는 손 필사였고 마음 깊은 곳까지 책 속의 내용을 각인시켜서 좋았지만 여러 가지 불편한 점이 많았다. 손 필사는 손목이 몹시 아프고 이쁘지 않은 글씨체를 보면서 주눅이 들 때가 있다. 그리고 그저 필사에만 그쳤기에 내용도 잘 분별하기 어렵고 인증 외에 다시 들여다보는 경우가 적었다. 그러나 자판 필사는 아주 많은 유익한 점이 있다. 필사하므로 작가의 느낌을 계속 유지하고 있고 손목도 그리 아프지 않아서 좋다. 자판 필사는 또 다른 내용으로 형식으로 이미지로 영상으로 바뀌어져 간다. 이런저런 것들을 기록하고 메모하는 것들이 모여 내 글이 되기도 한다. 사람들이 보기도 좋고 서로 교류하기도 좋다. 자판 필사가 습관이 되면서 점점 원고 쓰기에도 익숙해지는 몸이 된다. 무엇이나 몸이 기억하는 것은 기억력을 잊어도 몸은 기억한다. 글쓰기도 몸이 기억하는 글쓰기로 되면 그리 어렵지 않다. 몸이 기억한 대로 글을 쓰기 때문이다. 작가 되고자 하는 사람은 먼저 필사로 글을 쓰는 체질로 변화되어야 한다. 필사 없이는 작가 될 수 없다. 필사로 연습하고 나중에 자신의 원고를 쓸 때 긴 글의 A4 2장 이상을 쉽게 채워나갈 수 있다. 요즘은 학교생활이나 어떤 직업이든지 긴 글쓰기를 잘 하지 않는다. 때문에 긴글을 쓰라고 하면 사람들은 고민한다. 어떻게 A4 2장을 써야 할지 감을 잡지 못한다. 이런 어려운 점을 기존 작가의 인생 첫 책을 한 꼭지 필사한다면 쉽게 해결할 수 있다. 인생 첫 책 한 권을 필사하면 몸에 긴글쓰기가 몸에 배어 더 이상 어렵지 않게 느껴질 수 있다.

나도 필사만 했을 뿐인데 삶도 변했다. 무엇이든지 남의 것을 자기 것으로 만들려면 모방부터 해야 한다. 필사만큼 좋은 모방이 또 어디 있을까? 서당 개도 3년 하면 글을 익힌다고 필사도 3년 하면 작가가 된다. 그러나 필사를 3년 하지 않아도 작가가 될 수 있다. 한 달 두 달 정도 필사를 하면 작가 된다. 긴 글쓰기에 자신을 노출하기에 종이책 한 꼭지 분량을 맞추기 쉽다. 필사하면서 인생 첫 책을 써내고 작가 되고 또 새로운 꿈에 도전해 보길 바란다. 작가 되기에 필사만큼 좋은 훈련이 없다. 또 필사만큼 빠른 길도 없다.

아무것도 할 수 없을 때 필사만 했을 뿐이다. 그런데 지금에 와서 개인 저서 1권과 몇 권의 공저를 써내고 네이버에 작가로 인물 등록을 할 수 있었다. 나에게 있어서 필사는 만능의 무기이다. 필사하므로 일석 3조의 결과를 얻을 수 있다. 확실하게 삶을 변화시키고 싶다면 일석 3조의 필사부터 시작하라. 간단해 보여서 별 효과를 보지 못할 것 같지만 속는 셈 치고 한 달만 필사해 보라. 한 달만 필사에 미쳐 보고 남의 책을 베껴 써보면 삶이 정리되는 것을 발견할 수 있다. 필사하면서 우선순위를 알게 되고 데드라인 정할 줄 알기에 시간을 낭비하지 않고 잘 활용할 수 있다. 나뿐 아니라 수많은 필사를 하는 사람은 공감할 것이다. 절대 필사의 수고가 헛되지 않다는 것을 알고 점점 더 필사의 매력에 빠진다. 내 삶을 바꾼 필사로 당신도 삶을 바꿔보시길 바란다. 필사, 확실히 삶을 바꿀 수 있다.

세상에서 가장 쉬운 필사,
그 결과물은 위대하다

　매일 새벽마다 나는 할 일이 있다. 오늘도 나는 새벽 4시에 일어났다. 필사하기 위하여 《믿음으로 걸어라》 책을 읽고 있다. 새벽 기상은 어렸을 때부터 부모님께서 만들어 준 체질이다. 새벽 일찍 일 가시는 부모님은 어린 나도 새벽에 일어나서 학교의 외우는 숙제를 하도록 이끌었고 식사도 부모님의 시간에 맞춰 일찍 해야 했고 모든 것은 새벽에서 아침 일찍 이루어졌다. 부모님은 다른 사람보다 일찍 서둘러 일하는 것으로 남보다 조금 더 나은 삶을 살 수 있었다. 그런 행위로 나에게 새벽 기상은 체질로 되어버렸다. 쉬운 새벽 기상에 나는 필사를 더 하였다. 필사가 나에게는 가장 쉬운 일이기 때문이다. 필사는 내가 아무것도 할 수 없을 때 시작한 만큼 특별한 무엇도 필요 없었다. 단지 필사하겠다는 의지만 있으면 손 필사든 자판 필사든 할 수 있다. 필사는 그저 보는 대로 따라 쓰고 듣는 대로 따라 쓰면 된다.

처음 필사를 할 때 나의 필사 욕구는 아주 엉뚱했다. 나는 교회 다니면서 한국에서 자유롭게 예배드리고 찬양하고 《성경》 책도 아주 쉽게 구할 수 있는 것이 어찌 보면 행복했다. 처음에 교회를 다닐 때 나는 《성경》 책을 구매하지 못하였다. 중국에서 처음에 한인들이 세운 교회를 다녔는데 그때는 《성경》 책을 교회 가서만 볼 수 있었다. 한국에서 자유로운 종교 생활은 편하고 좋았다. 언제든지 원하기만 하면 《성경》 책을 사 볼 수 있다는 내용이 좋았다. 그 당시 많은 선교사의 간증을 보았고 그 들의 간증을 통하여 살아계신 하나님을 간접적으로 배웠다. 그러면서 선교사님들이 외국에서 《성경》 구하기 어렵고 많은 교회 단체에서 《성경》 지원하고 있었다. 그들은 구하기 어려운 《성경》 책을 우리는 집에 5~6권을 갖고 있고 교회에 들고 다니는 것 외에 나머지는 책장 속에서 먼지만 가득 쌓일 뿐이다. 뉴스에서는 항상 북한과의 전쟁 위험이 논쟁거리가 된다. 그때 나는 엉뚱하게 《성경》 책 필사를 하기 시작했다. 혹시 전쟁이 나면 외부에 있는 성경책은 불에 태워질 수 있어도 노트북 안에 필사해 놓은 것이라면 오래 지킬 수 있지 않을까, 또는 《성경》 책이 없을 때 내가 필사 해

놓은《성경》책이 혹시 보물이 되지 않을까 하는 마음으로 만약의 사태를 생각하면서 필사를 시작했다. 그러다가《성경》은 2순위에 밀리기도 하고 한동안 방치도 되고 또다시 열정을 가지고 필사할 때도 있고. 어차피《성경》필사는 평생 한 번 하고 싶은 것이고 스스로 한 약속이기에 하다가 멈추다가를 반복한다.

《성경》필사하다가도 책 쓰기 도전할 때는 잠시《성경》필사를 내려놓고 일반 책 필사를 한다. 근무하지 않은 날은 많은 시간을 들여서 책을 필사 독서를 한다. 집안일도 빨리 끝내고 오로지 필사를 위하여 시간을 나의 것으로 만들기 위해 노력한다. 나는 필사하는 시간이 행복하다. 필사하는 동안 직장의 스트레스 되는 문제들과 집안의 시끄러운 문제들을 피할 수 있다. 필사하는 동안 온 마음을 다하여 필사에만 집중하면서 독서하니 독서가 즐겁다. 그중에서도 좋은 구절들 나의 가슴뿐만 아니라 다른 사람 가슴도 뜨겁게 할 수 있는 구절은 필사 후 복사하여 글 그램으로 만들어 놓는다. 그렇게 한 구절씩 핸드폰 앨범에 저장되어 있다. 힘들고 지칠 때 나를 살리는 한 구절을 손안에 갖고 있다는 자신감이 들면서 나는 쌀독에 쌀이 넘치듯 기쁘다. 언제든지 나를 일으켜 세울 수 있는 한 구절 한 구절들의 명언과 글귀, 언제 봐도 처음 책을 읽을 때의 열정을 준다. 가슴이 뛰게 하고 그 말씀으로 다시 일어설 수 있다. 그 한 구절이《성경》의 한 구절일 수 있고 또 다른 어떤 영성을 그리는 책의 한 구절일 수 있다. 정말 힘들 때 앨범을 한 번씩 뒤적여 보면 그 당시 상황에 맞는 한 구절이 눈에 들어와서 자극하고 동기 부여 해준다. 사람은 항상 스스로 힘을 내야 한다. 스스로 힘을 내지 않으면 아무것도 자동으로 되는 것이 없다. 나를 살리는 그 한 구절을 찾으려고 나는 필사 독서를 한다. 가슴을 뜨겁게 하는 한 구절 찾기 위하여 책 전체를 필사해도 나는 전혀 시간이 아깝지 않다. 이렇게 필사에 재미를 부친 나는 평생 필사를 할 수 있도록 자신을 필사하는 환경에 몰아넣는다. 필사 모임에 가입하고 매일 필사 인증을 한다. 처음에는 한 달에 15~20일 인증을 요구하는 시스템 덕분에 자신을 합리화했다. 어차피 15~20일만 인증하면 된다고 굳이 그리 애쓰지 않아도 된다고. 단톡방에서 원하는 만큼만 인증하면 된다고. 그렇게 자신을 합리화하다 보니 필사를 안 하는 것을 당연한 것으로 알게 되더군요. 이때 나는 왠지 끌려가는 느낌을 받았다. 내가 주체로 되어 한 달 필사를 다 완성할 때는 끌려다니는 기분 아닌데 누가 하라는 대로만 하자고 하니 어쩐지 주동적이 아니라 피동적인 삶을 살아가는 것 같다. 이렇게 나가다가는 필사를 소홀히 하여 원고도 못 써낼 것 같아서 다시 마음을 다잡았다. 사람은 자신을 합리화하면서부터 게을러지기도 한다. 다시 필사에 미쳐버리도록 자신을 또 몰아붙이고. 사람은 자신을 합리화하지 말고 자꾸 자신에게 어느 정도의 강압감을 주어 긴장감을 형성해야 하는 것 같다.

필사에 관해 얘기하면 할 말이 많다. 필사한 지 이제 4년 차 되어가기에 필사로 나는 인생을 바꾸었다. 책 한 권 읽지 못하던 내가 지금 책을 미친 듯이 읽을 수 있고 그것이 그저 읽기만 해서 기억에 남는 게 없는 것이 아니라 필사를 통하여 많은 내용을 기억에 남기고 있다. 다행으로 첫 인생 책 쓰기 전에 필사로 몸을, 글을 쓰는 몸으로 단련했기에 지금은 그 혜택을 든든히 보고 있다. 필사 아니었다면 나는 지금도 책 한 권 읽지 못하고 있었을 터이고 필사 아니면 인생 첫 책은 머나먼 곳의 꿈 이야기가 되고 말 것이다. 필사했기에, 실제 쓰는 행동을 했기에 행동의 중요함을 알게 되고 인생 첫 책을 써냈고 이어서 두 번째 개인 저서를 쓰고 있지 않는가? 내가 백 번, 천 번 책 쓰고 싶다고 말해도 필사 한번 하지 않으면 책 쓰기는 물 건너간 것이다. 평생 책을 쓰고 싶다는 욕구가 남을 것이다. 사람으로 이 세상에 태어나 뭐든지 남기고 가는 것이 모든 사람의 욕구건만 그 욕구들을 실행하여 이루어 내는 사람이 극소수이다.

필사의 의지를 어떻게 갖출까? 사람들이 필사하기가 좋다고 생각하고 한번 시도해 보고자 한다. 3일 정도 열심히 한다. 그러나 3일에 결과는 나오지 않지만, 작심 3일에 그치지 말고 한 달간 필사해 보고 66일간 필사해 보면 확실히 결과가 다르다. 몸에 익은 필사는 탄력이 붙어서 필사 시간을 단축하고 필사 시간을 기대하게 한다. 점점 독서가 즐거워지고 필사가 우선순위에 놓인다. 그리고 책을 보면서 필사하고 내 글을 쓰고 싶은 욕구도 일어나면서 공저 쓰기로부터 시작하여 개인 저서 쓰기에 도전하게 된다. 점점 도전정신이 강해지고 행동하는 습관이 길러지면서 원하는 책 쓰기의 선순환이 일어난다.

세상에서 가장 쉬운 필사. 그러나 그 결과물은 위대하다. 그저 남의 것을 베껴 쓰는 그런 별 볼 일 없는 것이 아니다. 확실히 삶을 바꿔줄 수 있어서 필사에 미쳐 사는 날은 즐겁고 행복하다. 정말 죽을 만큼 괴롭고 숨쉬기조차 고역이라면 필사부터 시작하라. 필사 한 달만 하면 입이 떡 벌어지게 자신이 변한 모습을 느낄 수 있다. 필사에 미쳐 살고 꿈을 꾸면서 이루어 가고 행동만이 내 삶을 바꿀 수 있다는 사실을 잘 알고 있다. 자신의 현재 모습에 만족하지 않는다면 인풋 동시에 진행되는 아웃풋인 필사 한 번 해보기를 바란다. 필사 습관을 내 몸에 장착하면 평생 든든한 무기가 되어 험한 인생살이에 자신을 세워가는 힘을 얻을 수 있다. 세상에서 가장 쉬운 필사 그 결과물은 내 이름으로 출간하는 위대한 결과물을 낳는다.

필사하고 책 쓰는 요양보호사,
행복한 삶을 응원한다

'사람이 마음먹으면 못 할 일이 없다'라는 말을 잘 알고 있다. 처음에는 마음에 원하는 것이 없어서 어떤 결과를 만들어 낼 줄 몰랐고 원하는 것을 얻지 못하였다. 왜 삶이 힘들고 고단하기만 하냐고 불평불만만 부렸다. 삶이란 어떤 의미가 없었다. 사는 대로 생각하고 사는 대로 보아 기만하던 편협한 사고의 틀에 갇혀서 살아오니 삶이 막막하고 힘들 수밖에 없었다. 빠른 사회 변화에 적응해 가지 못하는 자신에 대해 더 화가 나고 아무것도 이뤄본 경험이 없기에 나는 아무것도 '할 수 없다'라고 스스로 한계를 지어버렸다. 인생 첫 책을 쓰고 나서 나는 '할 수 없다'의 인생에서 '할 수 있다'의 인생으로 바뀌기 시작했다. 모든 것은 필사의 끈을 놓지 않고 매일 내 글이든 남의 글이든 쓰면서 하루를 시작한 덕분이다. 필사하였기에 나는 행복한 삶을 살 수 있는 기반을 얻었다.

  지금은 새벽 4시다. 노트북 앞에 앉아 몇 꼭지 남지 않은 글을 계속 써 내려가고자 남은 목차를 보고 또 본다. 그러나 어떤 꼭지를 써야 할지 잘 모르겠다. 초고 쓰기 잠시 내려놓고 필사 한 꼭지를 시작한다. 최근에 공저로 출간한 《소중한 내 아이에게 꼭 알려주고 싶은 것》중에 <책성원> 모임의 리더 작가 편을 한 꼭지 필사하고자 한다. 리더 작가는 인생 첫 책을 쓰고 나서 현재까지 계속 책 쓰기를 하였고 개인 저서든 공저든 꾸준히 써 내려가고 있다. 이미 십여 권의 책을 출간한 작가이기에 초보 작가가 필사하면서 아이디어를 모집할 수 있는데 많은 도움이 된다. 또 책을 쓰고자 하는 사람에게 자기 경험과 노하우를 가르치고 많은 작가 양성을 위해 에너지를 쏟고 있다. 남의 책을 필사하다 보면 글쓰기에 막혔던 부분들이 물꼬가 트인다. 우리 모임에서도 리더 작가는 항상 '내 글이든 남의 글이든 매일 쓰는 것이 작가'라고 한다. 나도 인생 첫 책을 쓰고나서 네이버에 인물 등록하고 나서 1년의 공백기 동안 독서만 했다. 개인 저서를 쓰고 싶으나 쓸 수 없었고 그저 독서만 유지했다. 그래도 매일 필사로 책 쓰는 체질을 유지하고 책 쓰는 감각을 잃지 않도록 만들어 갔다. 두 번째 개인 저서 쓰기 시작해서 필사의 효과를 보고 있었다. 지금까지 34꼭지 완성되어 간다. 이제 정말 몇 꼭지 남지 않아서 조금의 부담감과 긴장감을 가지고 마무리 지을 생각을 매일 하면서 생각을 책 쓰기에 집중하고 있다.

 초고를 쓰다가도 막히고 답답하면 나는 바로 초고 쓰기를 잠시 내려놓고 무조건 필사를 한다. 필사하면서 책 속의 한 사례에 아이디어를 얻을 수 있고 또 한 단어에 꽂혀서 아이디어가 생길 수도 있다. 쉬는 날, 출근 전, 퇴근 후, 계속 책 쓰기에 집중한다. 그러면서 독서도 하고 글감도 찾을 수 있다. 인생 첫 책을 쓰고 나니 모든 것을 사례로 바라볼 수 있다. 요양원에서 일을 하고 있지만 자세히 어르신들 관찰하거나 동료 요양보호사를 관찰하면 매일매일 반복되는 일임에도 불구하고 매일의 사례가 생긴다. 사례가 생기는 대로 집에 와서 끄적끄적 적어 놓는다. 이렇게 매일 무엇인가를 기록하다 보면 잠재의식에 나는 글 쓰는 사람이란 점을 각인시킨다. 운전할 때 무의식적으로 운전하듯이 글 쓰는 습관도 노력해서 뇌가 나는 글 쓰는 사람이라고 착각하도록 만든다. 그러다 보면 초고 쓸 때 쉽게 술술 잘 써 내려가게 된다. 필사는 항상 내가 작가의 느낌이 들게 하는 좋은 수단이다. 나는 필사라는 강한 무기를 장착하였기에 평생 삶을 기록하는 사람으로 거듭날 수 있다.

내가 책을 쓰면서 많은 좋은 점 가운데 하나는 아이들이 좀 더 나은 방향으로 바뀌어 가고 있음을 알고 있다. 어릴 때 아이들은 자기주도 학습 잘하지 못하였다. 계속 엄마의 잔소리로 아이들은 억지로 책을 보고 무엇인가를 한다. 억지로 하는 것은 즐겁지 않고 재미있지도 않다. 요즘 들어 둘째의 변화가 아주 크다. 둘째는 책을 보기 위해 노력하고 도서관에도 자주 간다. 공부하는 데 있어서 공부하라고 잔소리하지 않을 정도로 스스로 잘 알아서 한다. 이제 중3 나름대로 계획이 있는가 보다. 나는 아이의 변화가 나의 책 쓰기와 상관된다고 생각한다. 엄마가 시간이 나면 책 보고 책 쓰고 뭔가를 쓴다는 것을 아이는 잘 알고 있다. 겉으로는 아무런 관심이 없는 듯 보이나 아이는 엄마·아빠의 행동을 다 보고 있다. 엄마는 책보고, 책 쓰고 영상편집 하는 것을 좋아하는 것을 알고 아빠는 늘 웹소설을 듣는다는 것을 잘 알고 있다. 아이는 엄마가 책을 쓰는 전체 과정을 다 지켜보고 있다. 계획을 세우고 실행하는 좋은 모습을 보여주니 아이가 스스로 생각이 자라는 것 같다. 아이도 종종 시도하고 실행한다. 그리고 자기가 원하는 것을 얻어 낸다. 아직 자기 몸에 익지 않았지만 분명 아이는 점점 더 좋은 방면으로 변화되어 가고 있다. 아이가 변화되어 가는 것을 보면서 책 쓰기를 선택하고 계속 꿈을 가지고 도전하는 엄마가 된다는 것이 흐뭇하다. 내가 어릴 때 나의 부모는 공부하라는 잔소리만 했지. 책 한번 읽어준 기억이 없다. 늘 자녀를 다른 집 아이들과 비교하고 본인이 낳았음에도 불구하고 내 자식만 못난 것 같아한다. 비교하는 부모 때문에 삶에서 많은 아픔을 가졌고 이전 같으면 내가 아프게 자라고 사랑받지 못하였기에 자녀에게 사랑을 주지 못하는 것이 당연하다고 생각했다. 그러나 책을 쓰면서 내가 받지 못하였기에 자식에게는 절대 비교하지 않고 내가 더 사랑해 주는 엄마로 다짐하였다. 내가 주체가 되어 나의 삶을 사는 방법을 나는 책을 쓰면서 배웠고 나를 사랑하는 법도 책을 쓰면서 배웠다. 점점 배우고 성장하는 엄마로서 자녀에게 조금이나마 좋은 방향으로 가도록 이끌어 준다.

책을 쓰면 자신의 감정도 다스릴 수 있고 내면의 아픔을 치유하여 갈 수 있다. 자신의 아픈 마음이 치유되지 않고는 삶을 변화시킬 수 없다. 삶을 변화시켰다는 것은 엄청난 용기와 실행을 뒷받침한다. 미루는 삶에서 바로바로 실행하고자 하는 삶으로 바뀌고 일상에 일어나는 상황들을 바라보면서 하나도 무의미하고 무가치한 사건은 없다는 것을 깨달아 간다. 치유되는 마음과 감정조절을 통하여 드디어 삶을 긍정적으로 바라보기 시작하였고 삶을 즐기기 시작하였다. 부정적인 관념이 긍정적으로 바뀌니 삶에 활력을 가지게 되고 살만한 세상으로 보였다. 세상은 여전히 자기 고유한 법칙대로 돌아간다. 세상이 바뀐 것이 아니라 내가 바뀌었기에 세상을 바라보는 마음 역시 도전하고 싶고 사랑이 충만한 세상으로 보인다. 자신을 사랑하고 인정하고 믿어주고 나로서의 존재감에 행복해하고 내면이 아름다워지니 세상이 점점 더 아름답게 보이는 것이다.

  나는 필사하고 책 쓰는 요양보호사다. 나는 스스로 자신을 응원한다. 꿈이 없던 나는 필사하고 책을 쓰면서 40대의 나이에 꿈을 가지기 시작했다. 꿈이 있는 삶은 내가 살아 있음에 감사하기 시작했고 무언가를 하고 싶은 매일 가슴이 설렌다. 평생 독서하고 글을 쓰면서 한 번뿐인 삶을 기록하고 싶은 마음이 간절하다. 무슨 글을 쓰든지 계속 쓰는 삶을 살고 싶어 한다. 쓰기 위하여 읽고 읽은 것을 써내면서 삶을 선순환으로 바꾸어 간다. 선순환의 시발점을 필사 독서 덕분이라고 생각한다. 삶을 통째로 바꿀 수 있는 강력한 힘은 책 쓰기에서 나온다. 내면을 드러내고 이 세상에 자신의 존재를 알리면서 지겹고 힘든 삶을 즐겁고 기대가 가는 삶으로 바꿀 수 있는 용기도 책 쓰기로 인해 생겼다. 정말 삶이 우울하고 자기 삶에 이루어 낸 것 없이 덧없고 허무하다고 느낀다면 책을 쓰기를 바란다. 사람들은 요양보호사 직업을 정말 하찮게 생각한다. 나도 요양보호사만 하면 그저 직장일 뿐 어떤 영향력을 끼치기 어렵다. 그러나 이렇게 책을 쓰면서 기록을 남기는 삶이 나를 더욱 긍정적으로 세상을 바라보게 한다. 요양보호사도 종일 체력적으로 정신적으로 힘든 날을 보내고 있다. 그러나 힘듦을 그저 힘듦으로 보지 않고 '내가 나를 정의 하지 않으면 남이 나를 정의한다는' 사실을 알고 스스로 동기부여 하면서 자신을 책 쓰는 요양 보호사로 정의한다.필사로 이어진 책 쓰기로 나의 삶은 더 밝은 길로 가고 있음을 나는 안다. 자신을 '책 쓰는 요양보호사'로 정의한다. 필사로부터 이어진 책 쓰기로 나의 삶은 더 밝은 길로 가고 있음을 나는 안다.

나는 책 쓰는 요양보호사입니다

초판 1쇄 발행 | 2025년 6월 27일

지은이 | 김경화
펴낸이 | 김지연
펴낸곳 | 생각의빛

출판등록 | 2018년 8월 6일 제 406-2018-000094호

ISBN | 979-11-6814-114-8 (03190)

원고 투고 | sangkac@nate.com
블로그 | blog.naver.com/sangkac

* 값 18,900원